기다리는 마음엔 샛길조차 없어

한숭홍 7시집

문학공원 시선 251

기다리는 마음엔 샛길조차 없어

한숭홍 7시집

문학공원

序詩
삶의 여정을 그라피티로 그려가며

   그는 반세기가 넘도록 움막에 내던져 있었다 세월이 지나며 벗들의 기억에서도 지워져 한 조각 추억으로도 떠오르지 않았다

   밤이 깊어 어둠에 적막이 깃들 즈음이면 그의 영혼이 내 글방 책상 위에서 원고지를 메워가고 있는 내 주변을 맴돌곤 했다

   빛은 흑암에 갇혔을 때 삶의 본능이 갈구하는 신앙이다. 긴 터널을 지나고 나서 눈부시게 쏟아지는 이 빛 그건 죽음에서 깨어나려는 부활의 몸부림이었다

   묻혔던 창작 본능이 빛줄기 틈새를 뚫고 분출한다 60여 년이 흐른 그의 몰골은 미라 같았지만 심장은 그때처럼 뜨거운 혈류로 고동치고 있었다

잊힌 듯 잊히지 않고 아른거리는 시상을 그는 오랜만에 쥔 펜으로 미친 듯이 휘갈겨가며 시 600여 편을 엮어 시집 7권에 나눠 출판했다

 옛적엔 자연주의에 매료되었으나 훗날엔 시의 정형적 틀에 도전하며 탈형식주의를 지향했고 때로는 자아를 벗겨내는 나체주의에 경도됐었다

 지금은 시의 개체적 자유론을 실험해 가며 자기 자신만의 시적 창작론을 세워가고 있다 삶의 여정을 그라피티로 그려가며

차례

序詩　　　　　　　　　　　　　　4
- 삶의 여정을 그라피티로 그려가며

1편 1961년

1부 독수리의 날갯짓

독수리의 날갯짓　　　　　　　　12

2부 화전민의 굴피집에서

화전민의 굴피집에서　　　　　　30

3부 고독의 파동

고독의 파동　　　　　　　　　　32

4부 거룩한 꿈

거룩한 꿈　　　　　　　　　　　46

2편 고독의 숲을 거닐며

1부 서재 창밖에 외솔 한 그루

생명의 소리	54
꽃이 피기까지	55
그곳에도 지금쯤 봄이 오려나	56
1970년 튀빙겐의 봄은 이렇게 시작되었다	57
고독의 숲을 거닐며	62
흔들리는 다리에도 피가 흐른다	64
마음의 행로	66
회귀와 초월 사이	67
감성의 색깔	68
존재하려는 본능	69
노을빛에 남긴 한 줄기	70
빛바랜 옛 편지	71
나를 나 되게 한 것들	72
서재 창밖에 외솔 한 그루	74
노을빛 그림자	75
시간은 세월에 묻어갔건만	76
실향민의 망향가	77
4/8, 17:45경	78
삶의 찬가	79
욕망의 숨결	81
한 송이 저 들장미	84
신앙	85
화선지에 인류지덕을 휘필하고 나니	86

2부 어느 어머니의 편지

태초에 혼돈이 있었다	88
이상과 환상	89
하숙생	90
누가 또 갔구나	92
빼앗긴 반십년을 어디서 찾으랴	94
불은 심이요, 심은 공이런가	95
너는 지금 어디에 있느냐	96
너와 맺은 인연이 깊어가도	98
있는 듯 없는 길	99
칼국수 한 그릇	100
호숫가 산책길	101
까만 눈동자·1	102
까만 눈동자·2	103
박꽃	104
늘 생각 속에 있는 사람	105
어느 어머니의 편지	106
착각	108
시간의 기억	109
심곡의 사계	111
미련·1	112
미련·2	113
기약 없는 기다림	114
1965년, 여름의 열기 속으로	115

3부 월계수 한 그루

가을빛 곱게 드리워지던 날	118
그대 눈빛에선 밤하늘의 별이 반짝이고	119
영혼에 울림이 없다면	120
월계수 한 그루	121
바람은 언제 잦아들려나	123
기다리는 마음엔 샛길조차 없어	124
몸향	125
의식과 존재의 범주	126
색향 짙은 꽃들은 이미 이울어졌고	127
새벽녘 속초에서	129
가을 편지	130
존재론	133
무심무상無心無常	134
영혼의 금혼식	135
그때, 지금 그리곤 그다음	136
꿈을 꿀 수 있다는 건	138
소박한 밥상	139
한 알의 모래알갱이	140
가을의 마음	141
푸른빛 누리	142
가을빛 애연	143
아픔은 가슴 깊이 머물며	144
우리	145

4부 쉬어가는 길목에서

기다리는 그리움	148
겨울의 애수	149
하얀 수선화 한 송이	150
겨울 저녁 그림자	151
늙어감을 슬퍼하지 말아라	152
친구야	153
눈	154
어떤 대화	155
쉬어가는 길목에서	156
꽃보라 몸부림엔 시름만 깊어가네	157
생명의 순회는 찰나라네	158
변명	160
신화시대	161
기후 현상에 쏟아내는 투정	162
파도	163
인생	164
언제쯤 비가 그치려나	165
영혼의 고백	166
인연의 범주 형식	167
족보	168
짓밟혀 흩날리던 낙엽	169
겨울 하늘 저무는데	170

부록. 한숭홍 시집 1권-6권 시 목록 172

1편 1961년
1부 독수리의 날갯짓

독수리의 날갯짓

1
1961년
분출하는 젊음의 야망은 거칠게 물결쳤다
미국 선교사가 몰고 지나가는
은빛 랜드로버 뒷바퀴에서 솟구치는
흙먼지 폭풍은 머리카락을 흩날리고
사그라들곤 하던 아침
지축을 울리며 행진하는 검은 제복들
끝이 안 보이게 늘어선 백양나무 숲길
수채화 길 끝자락에서 나를 기다리며
양팔을 벌려 맞는 낯익은 얼굴
이들과 더불어 나의 하루가 시작된다

3월인데도
신촌 벌 바람이 매섭게 분다
갓 부화한 병아리 같은 내겐
나무 잎새를 스쳐 가는 이 바람 소리가
라데츠키 행진곡처럼 들리기도 하고
어느 순간엔 격하게 안겨 오는
환희의 노래같이 들리기도 한다
하지만, 뺨을 스치며 지나가는

이 거칠고 사납게 일고 있는 바람 소리는
진리와 자유의 전당 위로 비상하는
독수리의 날갯짓이었다

2
백양로 가로수에 줄줄이 이어 붙어
나풀거리는 색색의 동아리 쪽지들
한 줄기 흐름으로 이어져
여울목 물결치듯 출렁인다
멀리서 보니 오라는 손짓 같기도 하고
다가가 보니 주술을 부리는 것 같기도 하다
묘하게 잡아끄는 듯한 이 마력
영어로 예배드린 후 환담도 하며
친교의 시간을 함께 나눈다는데
그러나 몇몇 선배들 외에는 너나없이
콩글리시로도 소통이 가능한 곳[1]

이 만남과 우정의 순간은
그때까지 경험해보지 못했던 시간이었다
5월에 있었던 도봉산 등산이 내겐 벅찼지만
쉬엄쉬엄 망월사까지 가다 보니
서로 이야기도 나누며 가까워졌다
여학생들과 말하는 게 쑥스러웠는데
이 한 번의 봄나들이가

면역력을 키워준 셈이다
교정에서 만나면 사적 이야기도 나누고
사진도 찍으며
스스럼없는 친구로 지내게 되었으니

3
한 학년 학과 선배들이 우리를 초대했다
과대표가 인사말을 한다
선후배 관계지만 서먹하게 지내지 말고
친하게 지내자는 게 요지였다
돌아가며 자기소개를 하는데
나는 이름만 밝히곤
더 이상 아무 말도 하지 않았다
학우들은 이름에 얽힌 사연과 별명
이와 관련된 일화 등을 소개하기도 하고
선후배 간의 결속을 다짐하기도 했다
그러나 언젠가는 서로의 길이 갈라질 텐데

경청의 자세로 이야기를 듣다 보니
선배들이 어른스러워 보였다
대학 생활이 인생의 길을 결정한다며
본인들이 겪은 경험담에 덧살을 붙인다
이야기를 맞추어가니 좋은 그림이 되었다
하지만, 학과에 관한 저들의 이야기는

오리엔테이션 때 과목별로 들었던 내용과
대부분 겹쳐 있었다
나는 계속 꼿꼿한 자세로 앉아있었지만
이미 그 자리에서 공중 부양해
내 꿈을 엮어 갈 신화 속을 유영하고 있었다

4
오늘도 천상의 선경에 눈이 부신다
오전 내내 성속聖俗의 광맥을 찾아다니며
쉼 없이 지옥과 연옥과 천국을 넘나들다
경건 시간에 맞추어
예배실 지정석에 던져진 자세로
나는 대상화되어가고 있었다
그레고리오 성가의 장엄한 선율이
지쳐가고 있는 영혼에 스며드는 순간
전율과 떨리는 성스러움이
어두운 공간을 가득 채워가며
촉촉이 엄습해 오고 있었다

이 성스러움은 무엇인가
누가 신의 비의秘義를 알 수 있으랴
세속에서 횃불을 켜둔들
해를 비낄 수 있으랴
한세상 흐름은 구름 같고 강물 같다며

동굴 안 깊은 속 돌짬 사이에서
시간의 촌각을 멈추려 한들
해달별 수레의 윤회를 멈출 수 있으랴
어디선가 들려오는 타종의 긴 여운
그 파동 속으로 사그라들어가며
또 하루가 그 흐름에 휩쓸려간다

5
꽃샘추위가 몇 차례 지나가고
꽃망울이 벌어져가던 오후
옅은 운무가 숲길 뒷산 기슭으로
아지랑이 안개를 피워올린다
오랜 시간이 지나간 것 같지 않은데
구름 새로 파란 하늘이 빛을 쏟아낸다
숲속 어디선가 새소리가 구슬피 들려온다
아, 지금 이 순간이 야릇하구나
오래전에 헤어져 찾을 길 없는
앳되던 얼굴들이 아련히 떠오르니
그때 그 시절이 회억에 젖어 가물거린다

숲 사이를 비집고 바람이 살랑인다
빛의 세계로 뻗어가려는 패기와 야망의 불길
향긋한 봄 내음에 타들어 가는 이 목마름
나는 풀밭 너른 가슴에 누워

내일의 나를 잉태해 갈 신화에
독수리의 날개를 달아주며
마음속 고요히 희망의 노래를 불렀다
높이 높이 날아라
창공 저 푸른 무한 속으로
높이 높이 날아라
지평선 너머 저 한 점, 거기로

6
아무도 가르쳐주지 않았다
마음은 가슴을 속이지 않는다는 것을
아무도 가르쳐주지 않았다
몽환적 순간이 느껍게 감치일 때면
가슴속 어디에선가
장미꽃 봉오리가 맺어가고 있다는 것을
한데, 그 시절의 뜨거웠던 피는
언제 어디로 흘러갔는지 알 길이 없고
덧없이 밀려오는 애상의 그림자만
허공에서 외로이 나부끼며
추억의 조각을 맞춰가고 있다

외로움에 쓸쓸함까지 휘몰아칠 때면
나는 숲속을 거닐며 시를 음송하기도 하고
그러다 시상이 번뜩일 때면 미친 듯이

여러 가지 색으로 덧칠해 가며
시의 물결에 가슴을 적시곤 했다
그러나 태어날 시의 형상을 누가 알랴
시도 매만져지며 숱한 진통을 겪어야 하거늘
분명한 건 시란 시에 미친 자의 혼이라는 것
나는 숲속 어디선가 들려오는 지껄임에
시상이 흩어지지 않도록 그럴 때마다
새로운 감성으로 덧입혀 보듬곤 했다

7
몇몇 교수는 동서양의 시공간을 넘나들며
진리와 자유가 지향하는 궁극적 목적을
참이라는 한마디로 풀이해 안겨주었다
나는 '참의 궁극성'을 해독하려 골똘하다
가끔 나 자신의 세계를 망각하기도 했다
눈빛 초롱이며 노트하는 저 숱한 하나하나는
바로 각각의 나, 나, 나, …
비록 생김새는 서로 달라도 하늘을 맴돌며
참이란 먹잇감을 찾아내려는
배고픈 독수리 떼의 눈빛은
하나같이 진리와 자유에 꽂혀 있었다

나는 무리에서 이탈하여
노천극장 뒤 청송대 숲으로 갔다

오늘따라 유난스레 강한 빛이
울창한 나무 사이로 쏟아져 내린다
그 때문에 숲 그늘이 더 어두워진 듯 느껴진다
길섶 얕은 바닥으로는 물이 흥건하게 흐르고
숲 사이로 선교사들이 사는 서양식 집 몇 채가
한 폭의 그림을 펼쳐 준다
숲속 어디선가 들려오는 새들의 지저귐
도심에서는 들어볼 수 없는 천상의 메아리가
가끔 끊겼다 이어지며 적막한 공기를 가른다

8
오늘도 이곳에 나를 내려놓았다
외로울 때 찾아오곤 하는 이 고독의 섬
내겐 아늑하고 평안한 안식처다
바람결에 흐르는 숲속의 향기
눅눅하게 배어 나오는 속삭임
모두가 나 자신과 하나 되어 가고 있다
나, 방랑자였던가 이방인이었던가
어쨌든 새날, 내일을 찾으려는 내겐
이 깊은 숲이 거룩한 땅,
낙원 같은 곳이다
오늘도 이곳에 나를 내려놓았다

풀숲 새로 보이는 커다란 참나무 뒤에서

누군가가 나를 훔쳐보다 서로 눈이 마주쳤다
그녀의 얼굴엔 엷은 미소가 어렸고
나를 계속 바라보는 눈가엔
무슨 이야기든 나누고 싶은 듯한…
비록 나와는 거리를 두고 있었지만
어느새 그 눈빛 그윽함 속엔
깊은 언어가 섞여가고 있었고
빛보다 빠르게 나를 끌어당겼다
그녀의 마음을 읽어가다 나 또한
이 우연한 인연에 빨려 들어가고 있었다

9

아, 나의 천사여!
한 줄기 빛에 움 돋는 봄의 꽃이여!
내 가슴에 그대의 연푸른 순정을 채워주고
내 마음에 그대의 애틋한 연정을 담아주오
풋풋한 젊음이 내 심장을 뛰게 하오니
조용히 귀 기울여 이 거친 소리를 들어보오
이 숲속에서 새들도 우리를 위해 노래하고
산자락 봄바람도 우리를 덮어주며
소리 없이 흘러가는 작은 도랑조차도
촉촉한 봄빛 옷으로 단장하고 오리니
자연의 이 축복에 눈이 젖어간다오

아, 나의 천사여!
나, 그대를 맞으러 다가가 허리 굽혀 안으려니
그대의 살 향기와 보드라운 얼굴로 나를 맞아주오

이 적막한 숲에서 우리가 만난 게 운명이라면
서로의 가슴이 씨줄과 날줄로 엮어지지 않으리오
오래지 않아 목련꽃도 저 아래 어디에선가
새날을 맞을 텐데 그때는 하늘도 구름도 그러려니와
이 모두가 우리를 끌어안으며 축복하지 않으리오
이 숲길은 언제나 내게 새로운 날을 이어주고
미래에 대한 꿈으로 장식하며
내 발걸음을 가벼이 한다오

- 「아, 나의 천사여!」 전문

10
아, 야속하도다
이른 아침부터 비가 세차게 내려
우리의 섬으로 갈 수 없게 되었으니
어젯밤 했던 약속도 지킬 수 없고
우울하기까지 하여 가슴만 아려온다
다음날 찾아갔을 땐
짙은 안개가 숲을 덮어가고 있었다
몸을 씻고 새 단장을 한 그녀의 눈에선
눈물이 글썽거리다 흘러내린다
아, 이를 어쩌나!
하늘이 날 돕고 있지 않았으니…

임이여,
이젠 눈물을 거두소서

나, 그대에게 약속하리다
앞으론 내 마음 가는 곳마다
그대와 동행하리라
때로는 그대를 위해
햇빛 밝은 우리의 섬을 거닐며
노래도 부르리라
내 갈 길은 멀지만
그대와 함께 간다면
우리의 내일은 해같이 빛나고
몸과 몸이 하나 된 그때의 우리는
연리목이 되어있지 않으리오

-「내 갈 길은 멀지만」 전문

11
늦저녁 숲속에 어둠이 덮여 온다
숲 새로 엇비슷이 빗긴 잔 빛은
어슬녘 그림자 속에 삼켜져
가냘픈 빛조차 찾을 수 없고
차가운 습기만 고적한 주위를 덮어가며
물안개처럼 엄습해 오고 있다
잎새를 스치며 불어오던 바람도
새들이 지절거리며 노닐던 유희 마당도
고요 속에 잠들어 가고 있어
어둠 속 빈자리가 생명이 끊긴
망자의 늪처럼 되어간다

이제 나도 가야 하리라
어둠을 헤쳐가며 이 숲을 떠나야 하리라
언제나 그랬듯이 헤어져야 하는 이 시간
내 가슴엔 표현할 수 없는
야릇한 느낌이 번져간다
밤이면 가끔 요정들이 무도회를 한다는 데
오늘은 그런 동화적 설화마저 관심이 없다
소녀를 어둠에 홀로 두고 떠나야 한다니
나 자신이 너무 초라하구나
내겐 어떤 능력도 초인적 위력도 없고
마력 같은 힘조차 없으니…

12
신촌 로터리로 걸어갔다
낯익은 상점들이 이어져 있으나
거리 어디에서도
한낮의 생기 넘쳤던 활력을 느낄 수 없었다
숱한 문과 문, 지붕과 지붕, 벽과 벽으로
이어지고 나눠진 공간과 공간에서조차
시간만 지루하게 채워져 가고 있을 뿐
호젓한 거리엔 어둠이 짙게 내려앉고 있었다
노점상 리어카 가판대에 매달려
어둠을 밝혀주고 있는 파리한 카바이드 불빛마저
오늘은 왜 이리도 쓸쓸한가

9인승 합승 택시에 몸이 실려 가는 내내
오늘을 담아낼 생각을 하니
숲속에서 했던 이야기가 더듬거린다
'내 가슴에 각시붓꽃, 너를 옮겨심으리라'
부끄러운 듯 머리 숙여 맞는 단아한 자태는
어느 멋쟁인들 그 귀태를 따를 수 있으랴
봄을 스치는 바람에도 연하게 미소 지으며
몸을 숙이곤 하는 저 세련된 몸가짐에
풋내기 신입생 심장이
왜 이리도 격하게 요동치나
영혼을 울리는 이 격정

13
집 앞마당엔 듬성듬성 잡초가 돋아나고
장독대 옆 꽃나무들도
망울을 터트려가고 있다
2층에서 내려다보니 뒷마당 살구나무에는
날이 다르게 꽃이 만개해 간다
봄은 생명의 순환을 틔어내고 있지만
내 젊음에도 새로운 기쁨을 안겨줄
봄의 향기가 채워져 가고 있다
이 향연에 누가 취하지 않으랴
연년이 이어지는 계절의 이 순환!
니체가 말했던가 "영원한 회귀"라고 [2]

자연에서 일어나는 이 온갖 현상은
문예의 장르로 구체화 된다
내가 문학만큼이나 음악을 좋아하는 이유다
내게서 음악은 영혼을 일깨워
무아의 지경으로 이끌어가는
환각제나 마약과 같은 것
문학은 영혼을 가슴으로 그려내는
정물화 같기도 하고 추상화 같기도 한 것
형상화되어 가는 이 의식에 심취해 가며
나는 행복감에 휩싸이곤 한다
베짱이의 찬가로 들릴 수도 있으리라

14
인연인지 운명인지 숲속에서 맺어진
관계의 고리를 엮여가며
나는 내 가슴에서 뜨겁게 숨 쉬고 있는
그녀와 함께할 내일을 상상해 보았다
이런 날의 자유를 느껴본다는 것은
얼마나 즐거운 일인가
갓 돋아난 꽃눈이 해를 맞으며
세상을 느끼는 그런 기분이 아니랴
한 줄기 햇살이 가슴 깊은 곳까지 들어와
내 기분을 한껏 북돋아 주었다
게으름을 즐기고 있는 이 하루의 자유여!

수풀 어디선가 들려오는 물 흐르는 소리
나뭇잎을 스치며 빠져나가는 바람 소리
해와 구름을 벗 삼아 오르내리며
유희를 펼치는 새들의 춤사위
이 봄의 여유로움이 내 가슴에
꽃향기 짙은 빛으로 스며든다
환희의 노래로 나를 유혹하는 듯했던
3월에 불어오던 그 바람 소리도
이제는 숲 사이로 흐르는 도랑물처럼
소곤거리듯 아주 작은 소리로 노래하며
나를 품어 봄을 채워준다

15
잠을 설치다 눈을 잠깐 붙인 것 같은데
1층 부모님 방에서 군가가 울려 나온다
아나운서가 다급하게 뭔가 알리고 있었다
이렇게 나는 잠자리에서 5·16혁명이라는
역사의 한 가닥을 접하게 되었다
4·19혁명 이후 정치 노선이 불확실한 틈을 타
"가자, 북으로!"라는 구호를 외치며
끊이지 않던 소요로 시국이 어수선하고
불안하던 형국이었는데 이 또한 무슨 변곤가
혁명군이 학교 출입을 통제하고 있어
나는 그녀의 숲으로 갈 수 없게 되었다

그녀 향기가 그리워질 때면
기다리는 마음이 더욱더 야속하게 느껴진다
책을 읽으며 마음을 달래보려 했으나
그것으로는 모정을 달랠 수 없었다
마음을 시로 그려내기 시작했다
시의 세계는 장엄하고 순결한 곳
영혼의 고향 같고, 이상의 성지 같은 곳
시상이 떠오를 때마다 내 가슴은 벅차올라
때로는 시감詩感이 무뎌지기도 했다
그래도 그녀 생각이 날 때마다
쓰고 또 쓰고 쉼 없이 썼다

16
고등학생 때부터 나는 시를 썼다[3]
우수에 젖은 밤의 고독이
가슴을 애련히 뭉클 일 때마다
쓰고 찢어버리고 쓰기를 거듭했다
애상을 그려가는 이 순수한 흐름
하루씩 이어가는 이런 삶이
하루살이를 닮아가는 듯 보였으리라
나는 단편소설도 몇 편 썼으나
인간과 자연이 하나 되어가는 현상을
시로 작품화해 가는 매력에 빠져
갈림길에서 시작詩作의 길을 택했다

1편 1961년
2부 화전민의 굴피집에서

화전민의 굴피집에서

17
1961년 봄은 어수선했고
여름은 별스레 무더웠다
해마다 우리는 어머니 손에 이끌려
추곡 약수터에서 산속으로 깊숙이 들어가
개울가 화전민 굴피집에서 여름을 보냈다
별이 흐르는 밤, 냉기와 바람, 풀벌레 소리뿐인
이곳에선 나도 저들과 하나가 되었다
내일이면 다시 문명의 노예가 될 텐데
저들과 보내는 이 마지막 밤
흐느끼듯 들려오는 저 자연의 숨결이
석별의 아픈 맘을 도려내듯 아리게 한다

1편 1961년
3부 고독의 파동

고독의 파동

18
1961년
나뭇잎 무성했던 가지마다
앙상해져 가는 걸 보고 있노라면
내 마음이 왜 이리도 서글퍼지나
푸르던 잎새 그늘에 누워
꿈의 나래를 펼치던 때가 어제 같건만
지금은 갈색 잎 마른 몸을 떠는
저 잎새 마지막 몸부림이 애처롭구나
스산하게 느껴오는 애상에 젖어가며
갈색 바람으로 채워져 가는 가을빛 그림자
그러나 그게 나의 계절이라네

가을의 유혹 때문인지 오후 수업을 빼먹고
태릉 배나무 언덕에서 가을 정취에 취해가며
팔베개하고 누워 말이 없던 친구들
서로의 침묵에 내일의 청사진을 그려가며
오늘과 내일을 오가던 외줄타기
참된 행복은 이 순간이 아니랴
가을 하늘 하얀 구름 흘러가는 곳
어딘지 알 수 없는 그곳으로

마력에 끌리듯 나도 따라 흘러가고 있었다
구름 길을 가고 있는 나그네에겐
그곳이 꿈이 영글어가는 도원경일 듯하다

19
늦가을 석양빛이 이울어져 간다
나는 어슬녘 숲길을 걸어가며
무엇엔가 빨려 들어가고 있었다
숲속의 마지막 잎새들과 헤어져야 하는
가슴 아린 애잔함이기도 하리라
가을은 내 영혼에 한 줄기 미련 같은
소망의 길로 나를 몰아넣기도 하고
스산한 밤공기에 젖게도 하며
가슴을 달궜던 열기를 식혀주기도 한다
가을은 달빛 그림자로 내게 다가와
잠 못 이루는 내 곁에서 밤샘하곤 한다

축제와 문화행사로 곳곳이 들썩인다
이즈음엔 언제나 그랬듯이
내게서 무언가 떠나가고 있는 듯한
공허감이 가슴 한 자락을 채워간다
어린 시절의 기억이 떠오르는가 하면
나 자신이 길 잃은 철새처럼
외롭게 날갯짓하며

방황하고 있다는 걸 느낀다
바로 이 순간, 나는 고뇌의 사슬에 묶여
거칠게 숨을 내몰아 쉬며
정물화 속 대상이 되어간다

20
며칠만이라도, 아니 하루만이라도
집을 떠나 가을을 걸어보고 싶다
시골 샛길이든 어촌의 바닷가든
강기슭이나 개울가 자갈밭 어디든
가을을 타는 이 병의 유혹
시외버스에 무작정 몸을 던져 넣고
내가 바라던 시간을 보듬어 갔다
시골길 가로수 사이로 달려가는 여로
차창을 스쳐 가는 가을걷이를 한 밭들
헐벗겨진 살을 들어내고
허공과 맞닿아 누워있는 들녘

차창 밖 풍경이 포근히 다가온다
곳곳의 나지막한 초가지붕 위로
하얗게 피어오르는
밥 짓는 이 소박한 저녁
어쩌면 시골스럽게 밀려오는 이 정경이
내가 찾아가려는 것인지도 모르리라

군중 틈에 끼어 이리저리 치이던 자리에서
잠시나마 탈출해보고 싶은
나의 이 기행飢行은 자유에 대한 갈망이며
경건한 시간 속을 유영하고 싶은
욕망이기도 하리라

21
나는 이 기분에 동화되어 가며
나의 허상을 허공으로 날려 보냈다
메말라가던 가슴이 촉촉이 적셔진다
해 구름이 저녁놀에 물들어가고 있다
오래전에 겪었던 슬픈 이별 같기도 하고
그리워 기다리는 마음 같기도 한
이런 것에서도 나를 찾아낼 수 있었다
일상의 반복에서 벗어나려는 마음가짐
거기에서 자신을 찾지 않는 이가 있으랴
자기에게로 돌아가려는 외로운 투쟁인데

가을이 오면 내가 '가을을 탄다'라던
친구들 말이 생각난다
비워져 가는 공간에서 가을빛을 받으며
몰아지경에 빠져든 듯 망연히 앉아
애상에 젖어가는 고독한 영혼
어쩌면 그와 같거나 비슷하겠지만

어디 나뿐이랴
가을의 야릇한 서정에 동화되어 가는 게
가을이 물들여 가는 이 고독의 파동
적막감이 감도는 자연
이즈음엔 그 어느 것이 가을답지 않으랴

22
가을이 깊어가니 저 꽃들도
물너울에 젖어가던 풀숲도
애수에 잠겨 빛을 잃어가고 있다
여름이면 피서객으로 북적이던
강기슭이나 개울가
찾는 이 없는 이즈음엔
침묵 속으로 흐르고 흘러가며
나날을 이어가다 겨울을 맞을 테지
철새마저 떠나간 허공
밤하늘엔 외로움만 깊어져 간다
풀벌레 울음조차 까닭 없이 슬프구나

비어가고 있는 이 고요한 공간에선
웃음소리와 왁자지껄 떠들며
밤을 보내곤 하던 젊음의 얼굴들만
세월을 거슬러 떠오른다
뜨거웠던 하지만, 풋풋했던 그 시간이

천막극장 영사기에 되감겨 돌아가는 듯하다
가을 앓이를 심하게 하는 내겐 이 외로움
그것은 아침이 되면 사라지게 될
이슬 같기도 하고
어둠 속으로 사라져 가는
유성 같기도 하다

23
가을은 새벽 샘물처럼 맑기도 하고
밀려왔다 밀려가는 파도 같기도 하다
이는 바로 내겐
가을 하늘 저물어가는 아쉬움이며
언제나 그랬듯이 자신을 내려놓고
내게 찾아오는 아픔이며
까닭 없이 스며오는 슬픔과 고통이라네
어느새 옷깃 속에선 차가운 손이
내 가슴을 시리도록 더듬는다
외롭고 쓸쓸한 마지막 숨이
가을을 들이마신다

24
언제부턴가 나는 어느 소녀로부터
거의 매주 편지 한 통씩을 받았다[4]
외출했다 돌아오면 예쁜 편지가

책상 위에 가지런히 놓여있었다
여자 친구가 보낸 편지가 싶어
어머니가 가져다 놓았지만
나는 그 소녀를 본 적도 없거니와
이름조차 들어본 적이 없다
물 흐르듯 절절히 써 내려간 편지에는
어린 소녀의 감수성이 아주 섬세하게
정서적 깊이가 순수하게 그려져 있었다

갓 피어난 하얀 수선화 같은 소녀
첫사랑을 빚어놓은 마음은 문학 작품이었다
때로는 시로 읊어 내려간 에로스의 한계점에서
그녀의 순정을 가늠할 수 있었다

> 숭崇!
> 나는 어디로 걸어가고 있는 걸까요
> 뉘를 찾아서
> 나의 마음속에서
> 누구의 초상화가 나의 신경을 흔들었는지요
> 내 머리 위의 하늘은 좁기만 한데
> 마음속의 초상화는 너무 크네요
> 언제까지 내 하늘은 좁아야 합니까
> 안타까운 마음,
> 잃어버린 대화 속에서
> 나는 왜 슬프도록 센티해야 하나요
> 네?[5]

밤을 잊고 쓰고 지우며 새날을 맞았을
글 줄과 줄 사이를 읽으며
나는 아직 고등학교 1학년 정도 되는
앳된 소녀라는 걸 알 수 있었다

> 귀뚤아
> 너 내 말 들어주련
> 어떻게 하면
> 난 내 마음의 이야기들을 전할 수 있을까
> 말로 못 하는 바보가
> 그이를 뵙는다는 건
> 이렇게도 어려운 일인가
> 너 이 밤 그이 창가에 가서
> 내 마음에 쌓인 부끄러운 이야기들이랑
> 모조리 들려주렴
> 그를 그리워하는 어느 소녀가
> 창가에 서서 네게 들려주더라며[6]

남녀 관계는 인연에 따라 이어지기도 하겠지만
한쪽의 마음이 같은 궤도로 돌아가지 않을 때
그것은 너무도 가슴 아픈 게 아닐까

> 거리를 마구 걷는다
> 그래서 으스러져라
>
> 낙엽을 밟아 혹 불어버리곤
> 슬픔이여 안녕!

이젠 뛰어가 崇을 만나야지
崇! 불러본다

글썽, 눈물이 어린다
그리곤 침묵, 침묵[7]

25
어느 날 받은 그녀의 편지에는
방황하고 있는 모습이 담겨있었다[8]
몇 번씩 읽으며 나로 인한 그녀의 아픔에
나 자신이 냉혈한처럼 차갑게 느껴졌다

소녀여, 나를 잊어라!
나에 대한 연정일랑 지워버려라!
네 가슴이 불타고 있다는 걸 알지만
내가 할 수 있는 건 아무것도 없구나

내 마음을 전하려 서둘러 날을 정했다
그녀는 친구와 함께 나왔는데
아무 말도 하지 않았다

지금 나는 여자 친구를 사귀며 지낼
시간적 여유도 없거니와 관심도 없습니다
내년에 원하는 대학에 진학하기 바랍니다

이 짧은 몇 마디로 그녀를 달래고 돌아섰다
그 후에도 2년간 그녀는 마음을 닫지 않았다

> 소녀야, 너의 청초한 순정을
> 훗날 섬광처럼 나타날
> 그 뜨거운 만남을 위해
> 가슴에 고이 담아두고
> 오늘의 이 아픔을 잊으려무나
> 나는 아직도 너와 만남을 시작할
> 마음가짐이 되어있지 않으니
> 인연이 여기까지임을 받아들이고
> 서로를 위해 안녕을 고하자
> 우리의 앞날이 그렇다고
> 회색빛으로 덮어질 것도 아닐 테니

-「소녀에게」전문

26
1961년
차가운 바람이 늦가을 하늘을 채워가며
옷깃에 스며들고 있었다
흩날리던 낙엽은 발굽에 밟혀
흔적조차 없이 사라져 버렸다
몸이 부스러져 가고 있었을 그 아픔으로
내 가슴에 안겨 오던 저 마지막 숨소리

시인이여,
자연에 영혼을 불어넣으며 노래하는 시인이여
누가 그대의 가슴에서 흐느끼며 울고 있나요

가냘픈 숨소리에 묻어 나오는 고뇌의 아픔과
이별의 슬픔을 토해내는 저 비탄의 애가를
그대는 듣고 있나요

오늘이 가면 대지의 마른 땅엔
황량한 바람이 흙먼지를 일으키며
세월도 잊어가리라

시인이여, 말해주오
여름 내내 내 그늘 밑에서
풍류놀이 하던 가인들은 어디로 갔나요

파란 하늘과 흘러가는 구름
서리 져 이슬 맺힌 냉랭한 하루는
어떻게 내일을 열어가나요

뜨겁게 채워온 가슴과 가슴
눈빛과 눈빛으로 속삭이던 그 연정은
언제 낙엽에 묻혀갔나요

시인이여, 그대의 심령은
저 흙 속에서, 먼지 속에서
죽어가고 있는 생명의 고뇌를 듣고 있나요

-「시인이여, 말해주오」 전문

27
휴강하는 날이면 친구 두세 명과
우리만의 아지트인 음악감상실이나
음악다방에서 신청곡을 들으며
내일에 대한 묘한 환상에 빠지곤 했다
각자 나름의 잣대로 재고 분석해 가며
해방구인 이 공간에서 느끼는 자유
가을의 마지막 한 자락도
그 속에서 배어 나오는 긴 여운과 침묵도
이 해방 의식에서 만들어져 간다
해방이란 바로 이런 것
가슴을 튀어주는 이 어둠 속의 환희

1편 1961년
4부 거룩한 꿈

거룩한 꿈

28
겨울이면 내 가슴 깊은 곳엔
끝없이 너른 설원이 펼쳐진다
온통 눈으로 덮인 이 호젓한 곳
호반엔 오두막집 한 채와
나지막한 별채만 있을 뿐 고적하다
그칠 새 없이 쌓여가는 눈이
휘몰아치는 눈 폭풍에 흩날리곤 한다
아침 햇살에 반짝이는 눈
인적 끊긴 황량한 구릉
바람 소리와 눈과 눈빛 공기
이 모두가 내게 파란 꿈으로 다가온다

'겨울은 동면의 계절이다!'
누가 이런 말을 했느뇨
친구들이여, 말해다오
겨울은 봄 여름 가을을 이어 가며
생명의 경외를 맑고 하얀 가슴속에
눈송이 속에 차곡히 채워가며
역동하는 생명의 계절이라네
이제 나는 홀가분한 마음으로

이 겨울과 랑데부하며
그 품에 안겨 나를 돌아보리라
눈보라 치는 눈길 언덕을 걸으며

29
겨울은 고향에 대한 아련한 향수의 계절
이상의 고도孤島를 닮은 듯 애초롬하다
숱한 사람이 연말을 앞두고
밀려가듯 급하게 오가고 있는 모습이
마치 눈밭 길을 헤쳐가며
고향 집을 찾아가는
나그네의 발걸음을 닮은 듯
몹시 분주하게 움직인다
두툼한 외투 깃을 고추 세우고
어깨에 쌓여가는 눈을 털어내며
무언가 손에 들고 서둘러 가고 있다

30
방금 받은 항공 소포를 뜯었다
수오미Suomi의 설원,
사우나 고장에서 갓 날아온
앳된 소녀 툴라[9]의 크리스마스 선물
그 속엔 예쁜 색종이에 곱게 싸인
금발의 머리카락 한 다발도 들어있었다

반짝이는 금빛 살맛에선
암향 그윽한 살 내음이 짙게 풍겨 나온다
그녀의 알살을 더듬으며 내 심장은 몹시 뛰었다
눈보라 치는 설원에서 피어나는 눈꽃, 툴라!
오늘 밤 나는 그녀를 찾아가리라

    눈꽃, 툴라!

    네 몸에서 발현하는 빛에
    눈이 부시누나

    이 빛이 뿜어내는 황홀함이
    나를 취하게 하는 마력

    너와 내가 한 몸이 될 수 있다면
    나도 눈꽃이 되어 네 곁에 머물리라

    때 묻고 얼룩진 옷을 벗어버리고
    설원에서 느낄 수 있는 이 자유, 해방감

    바람이 네게로 불어간다면
    나도 바람이 되어 네게로 가리라

    이 경건한 소망이 어쩌면 어느 훗날
    우리가 함께 가야 할 운명이 될지도

-「눈꽃, 툴라!」 전문

시벨리우스가 조국에 바친 '핀란디아Finlandia'
나와 우연스레 맺어진
이 애연한 음향 속으로
나는 홀린 듯 빨려 들어가곤 했다
시벨리우스의 이 교향시 Op.26 때문인가
툴라와 짙고 깊은, 오랜 연정 때문인가
지금도 나는 핀란드를 사랑한다
어쩌면 어린 시절,
눈 덮인 동화의 나라를 그리던
이상향이 내 꿈속의 고향으로
새겨졌기 때문일지도

31
성탄 전야제를 마치면
청년 성가대원들이 새벽송에 나선다
눈길을 걸어도 젊음에는 추위가 없다
양초가 어둠을 밝히는 창호지 초롱을 들고
교인들의 집을 두루 다니며 새벽송을 부른다
"기쁘다 구주 오셨네…"
우리 집엔 언제나 마지막에 들른다
어머님이 준비한 떡국과 다과를 들며
남녀가 어울려 밤샘하는 재미 때문이다
이웃 동네 곳곳에서 들려오는
새벽송의 메아리가 밤하늘에 물결친다

1961년
존재하려는 용기를 내게 북돋워 주었던 해
송년회란 명목으로 얼굴을 맞댈 친구들
그리고는 영원 속으로 사라져 갈 삶의 허망함
저물어가는 해는 애잔하게 느껴지고
나 스스로는 나를 잃어가고 있는 듯한
묘한 상실감과 허탈함에 빠져가며
일기장에 마지막 한 줄을 채워간다
그러나 내게 주어진 전환점에서 되돌아보니
새싹이 움트기도 전에 짓밟혀 뭉개졌던 내겐
올해가 나의 정체성을 되찾은 제2의 전환점이었다

32
한해를 넘기며 숨을 고르려니
"서편에 달이 호숫가에 질 때"
소년 시절 피난처에서
하모니카로 불곤 하던 스페인 노래
'친구의 이별Juanita'이 애잔하게 흐른다

> 서편의 달이 호숫가에 질 때
> 저 건너 산에 동이 트누나
> 사랑 빛이 감도는 빛난 눈동자에는
> 근심 어린 빛으로 편히 가시오
> 친구 내 친구 어이 이별할까나
> 친구 내 친구 잊지 마시오

1961년
내 인생의 길을 틔워주었고
번뇌의 굴레를 벗겨준 너였는데
지금 내 핏속을 흐르고 있는 이 힘
그것은 나를 매일 빚어가던 손이요
삶에 지쳐 힘들 땐 희망의 빛이었는데
새해 아침이 밝아오지만
내 어이 너를 잊을 수 있으랴
망각의 수렁에서조차
그리움의 시간을 나는 너와 함께하리라
아, 나의 1961년이여!

---

1) 연세대학교 기독학생회(SCA) 내 여러 동아리 가운데 하나로서 공식 명칭은 'The World Fellowship'이다. 매주 목요일(17:30~19:30), 30여 명의 회원이 정동교회 젠센 홀(Jensen Hall)에서 모였다.

2) 니체는 『힘에의 의지』에서 "영원한 회귀" 사상을 역설했다.

3) 나는 1962년 『延世春秋』에 「哀歌」, 「내 사랑하는 사람에게」, 「바닷가에서」 등과, 연이어 영자신문 『The Yonsei Annals』에 「A Song of Lamentation」, 「Autumn's Emotion」 등을 발표했다. 1966년 단편소설 「깃발」이 『참빛』에 3회에 걸쳐 연재되었다. 2018년 순수 문학지 『스토리문학』 (100호 특집 신년호)을 통해 시인으로 등단하며 600여 편의 시를 발표했다.

4) 한숭홍 편지집, 『첫사랑엔 잉크가 마르지 않았다』 (서울: 문학공원, 2023)에 이 소녀의 편지 15통이 실려있다.

5) 1961년 6월 26일에 쓴 그녀의 편지에서 인용. 한숭홍 편지집, 『첫사랑엔 잉크가 마르지 않았다』, 29-30쪽에 전문이 실려있음.

6) 1961년 9월 17일에 쓴 그녀의 편지에서 인용. 한승홍 편지집, 『첫사랑엔 잉크가 마르지 않았다』, 34-35쪽에 전문이 실려있음.

7) 1961년 10월 24일에 쓴 그녀의 편지에서 인용. 한승홍 편지집, 『첫사랑엔 잉크가 마르지 않았다 , 36-37쪽에 전문이 실려있음.

8) 1961년 11월 19일에 쓴 그녀의 편지에서 인용. 한승홍 편지집, 『첫사랑엔 잉크가 마르지 않았다』, "찢긴 듯 아릿한 가슴을 안고 메말라 버린 포도 위를 헤매었어요. … 얄팍한 일기장! 이것 위에 사랑의 고백을 담뿍 안은 소녀의 연정을 다 옮겨놓을 수 있을까요? 차라리 까만 먹물에 집어넣고 싶다가도…. ※! 애절한 소녀의 진실을 받아주세요. 멀리 가지 마시고, 꼭 제 곁에 계서주세요, 네. 그러신다고 말해주세요."(38쪽).

9) 툴라(Tuula Sistonen)가 16살도 안 되었을 때부터 우리는 몇 년간 편지를 주고받았다. '툴라'는 핀란드어(Suomi)로 '바람'이라는 뜻이다.

한승홍 6시집. 『툴라의 머리카락』(서울: 문학공원, 2022), 19쪽에 실려있는 시 「툴라의 머리카락」을 독자들이 감상할 수 있도록 이곳에 옮겨 붙인다.

툴라의 머리카락

열여섯 살도 채 안 되었을 때였지
그렇지 그때, 1961년
3년을 더 지나야 내 나이였으니

오랫동안 오간 연서엔
바람의 속삭임이 한 겹씩 쌓여갔지
그러던 어느 날 네 편지 속
금빛 머리카락 한 묶음은 눈이 부셨다
너의 몸과 마음, 영혼까지도 담긴
너 자신의 분신

툴라 시스토넨, 순정의 소녀여
네 가슴에 내 심장을 넣어주고 싶었던
그러나 너와 나의 간격은 너무나 멀었지
북극권에 속한 땅, 핀란드
지구본을 돌리며 너에게 다가가곤 했던
그래도 그 시간은 너무 거룩했다

2편 고독의 숲을 거닐며
1부 서재 창밖에 외솔 한 그루

생명의 소리

봄이 오면
꽃향기 피어오르는 소리를
그대에게 들려드리오리다

얼음골에서 움트는 신성함과
계곡 구비길 흘러가는 물소리
풀잎에 맴도는 생명의 소리도

봄바람이 들녘을 스쳐 오고
희망의 속삭임이 아련히 들려오는
이 봄

암향 그윽한 꽃노래
애연한 봄의 찬가도
그대에게 들려드리오리다

햇살 길게 쏟아지는 창가에서
고독한 영혼이 흐느끼는
이 비탄의 젖은 숨소리까지도

꽃이 피기까지

망울 맺혀가는 꽃봉오리 보며
생명의 신비로움에 경탄했다

꽃봉오리 벌어지기 시작할 때
야들한 꽃 속살 보며 설레었다

꽃잎에서 배어 나오는 청아함에
몽롱하여 살짝 입을 맞추었다

꽃 한 송이가 피어나기까지
그 속을 채워온 건 산통이었네

그런데 꽃이 피기까지 찢어지던
그 아픔을 예전엔 왜 몰랐던가

그곳에도 지금쯤 봄이 오려나

고향 땅을 밟아보지도 못하고
눈을 감는다는 건 애석하도다

고향은 그리움으로 채워진 곳
그곳에도 지금쯤 봄이 오려나

1970년 튀빙겐의 봄은 이렇게 시작되었다

1970년 4월 16일,
튀빙겐[1]의 날씨는 화창하고 상쾌했다
긴 겨울 방학이 끝나고 여름학기가 시작되어
도시 전체가 붐비는 학생들로 생동감이 넘쳤다
4만5천 명 중의 1만5천 명이 대학생이니
도시가 대학 캠퍼스 같은 특수 공간인 셈이다

머리를 지식으로 채우겠다고 모인 젊은이들
그러나 육신은 본능의 욕구를 물리칠 수 없었다
정오가 되어오며 밀물처럼 몰려오는 굶주린 군상들
움푹 팬 눈은 서글프고 처량해 보이기까지 했다
반짝거리는 식판과 식권을 쥐고 줄 맞추어 따라간다
그 틈새에 내 그림자도 묻혀 흘러가고 있었다
'무엇을 먹고 마실까 염려하지 말라'[2]고 배웠으나
속인의 뱃속은 공복의 유혹엔 약하다
200㎡쯤 됨직한 멘자[3]는 가벼운 주머니로
생명줄을 이어갈 수 있는 1마르크 자유지역이었다

나는 멘자에서 나와 기숙사 앞에 있는
학생 회관 잔디밭에서 커피를 마시며
학과 사무실에서 받은 수강 과목에 관한

안내 자료를 훑어보고 있었다

신문을 읽고 있는 학생들
시사잡지를 넘기며 읽고 있는 학생들
잔디밭에 누워 햇볕을 쬐고 있는 학생들
온갖 군상이 곳곳에 흩어져 오후 한때를 즐기며
여유로움에 시간을 맞추어가고 있었다

방금 빈 의자에 처음 보는 여학생이 와 앉으며
인사를 하곤 말을 걸어온다
날씨로 시작된 대화가 수강 과목으로 옮겨질 즈음에
느닷없이 통성명이나 하자며
먼저 자기소개를 한다
리카르다 라인간쓰Ricarda Rheingans라고 하는데
그냥 리키Rici라는 애칭으로 부르라며
곧바로 말을 트고 대화를 이어간다
불문학을 전공하고 있는 학생이었다
그녀의 갈색 머리칼은 짧게 다듬어져 있었고
안경 낀 눈의 까만 눈동자는 깊은 호수 같았다
개방적이고 소탈한 것이 그녀의 성품인 듯했다
청바지를 입고 있었는데 가랑이 안쪽에는
시꺼먼 기름으로 군데군데 얼룩져 있었다
위에는 몸에 붙는 노란색 스웨터를 입고 있었다
떠날 때 보니 자전거를 타고 간다

다음날 그녀가 식사하고 있는 내게로 왔다
제한된 공간이라 얼굴들이 한눈에 들어와서일까
그날은 강의가 없어 서둘러 식사를 마치고
그동안 받아두었던 편지에 답장을 쓰면서
모처럼 봄의 정취에 취해보려 했는데
내가 어떻게 사는지 궁금해하는 눈치여서
그녀와 함께 기숙사 방에서 커피를 마시며
오후의 해방감을 게으름으로 즐겼다
그녀는 가족사를 비롯하여 많은 이야기를 하며
저녁이 되어 멘자에 갈 때까지 머물러 있었다

그녀는 내가 책을 대출하러 도서관에 가거나
서점에 가려 할 때면 시간을 맞추어 함께 가곤 했다
이러다 보니 점점 만나는 횟수가 잦아졌다
그러던 어느 주말
자기 자췻집Schwärzlochstr.에 가자며 데리러 왔다
가는 길에 장을 봐서 자전거에 싣고
시골길을 걸어가며 많은 이야기를 나누었다
그 집은 널판으로 된 포도밭 농막이었다는데
포도를 재배하던 밭에는 수풀만 무성할 뿐
동구 밖 외진 곳이라 고적하고 을씨년스러웠다

우리는 서로 많은 것이 달랐다
전공 서적 10여 권과 벽에 걸어놓은 평상복 몇 점

선반에 있는 몇 가지 식품이 그녀가 가진 전부였다
어떤 면에선 말괄량이처럼 보이는 그녀지만
실상은 퍽 여성적이며 예민할 정도로 감성적이다
문학을 전공하지만, 문학에 관해서는 대화를 아꼈다
이런 모든 게 그녀의 개성이며 생활방식인 듯하다

서로 알아가기 시작한 지 채 한 달도 안 되었는데
그녀 가슴에선 장미꽃 향기가 솔솔 피어오른다
앞날이 어떻게 될지 우리 누구도 알 수 없지만
지금은 서로 마음을 섞어가며 보듬어 가고 있다
잠깐씩이라도 매일 만나다 보니
그럴 때마다 매 순간이 새롭고 아름다웠다
시간이 지날수록 우리의 의식과 취향, 사고방식,
문예적 관심 영역 등도 조금씩 좁혀지고 있었다
나는 동화되어 가는 이 변화과정까지도 즐겼다

외딴 농막에서 홀로 지내고 있던 그녀는
우리 사이가 가까워져 갈수록
고독의 굴레에서 해방감을 느끼고 있는 것 같았다
그녀는 매우 적극적으로 내게 밀착했고
때로는 봄 향기와 찬란한 빛에 취해가며
심장으로 전해오는 환희의 노래를 부르곤 했다
따뜻한 그리움, 밝은 빛, 푸른 하늘, 맑은 강물,
뜨겁게 내몰아 쉬는 야릇한 가쁜 숨소리,

밤마다 꿈속의 현실에 안겨지는 듯한 포근한 포옹
이런 모든 것이 알 수 없는 그녀의 깊은 속마음
어느 때부턴가 그 속에선 희망이 속삭이고 있었다
1970년 튀빙겐의 봄은 이렇게 시작되었다

---

1) 튀빙겐(Tübingen)은 네카어강(Der Neckar)을 중심으로 형성된 대학도시다. 강가에는 횔더린이 머물던 집이 있는데, 지금은 '횔더린 탑(Hölderlin Turm)'으로 불린다.

2) 마태복음 6:31; 누가복음 12:29.

3) 멘자(Mensa): 독일 대학교 학생식당.

고독의 숲을 거닐며

그대는 아직도
봄볕 따사롭던 오후
그날 숲속에서 있었던 일을
기억하고 있겠지요
싱그런 그대 가슴에선
봄 향기가 피어오르고
내 가슴속 깊은 곳에선
하얀 은방울꽃이 피어나던

우리 만남이 깊어질수록
연정은 격하게 여울져
잠 못 이루는 밤마다
고독의 숲을 거닐며
숲새로 흘러가는 물결에
내 마음 한 자락씩 담아
그대에게 띄우곤 하던
그 밤도 기억하고 있겠지요

하나, 그때를 기억하며
추억에 잠겨간들
세월은 구름 뒤로 사라졌고

그대 또한
이미 어디론가 떠나갔으니
정처 없이 떠도는 방랑객에겐
끝없이 너른 평원을 함께 달리던
그때가 그대와의 마지막이었네요

흔들리는 다리에도 피가 흐른다

어릴 적에 나는 두 다리가 왜 필요한지 몰랐다
걸어갈 때마다 다리 하나는
그냥 매달려 흔들거렸다
하지만, 나는 외다리로도 온갖 길을 이어갔다

1955년 3월의 누런 흙바람은 매서웠다
바람에 뺨이 아릿했다
내 눈엔 모든 게 황톳빛 바람이었다
바람은 경초勁草 새잎마저도 황토로 덮여갔다

중학교 불합격의 변이 다리 때문이었다
목발에 의지하여
한 발로 걸음을 이어가곤 했으니
저런 몸으로 사람 구실 못한다는 교장 선생님

문교부 감사와 신문사에서 취재할 걸 감지했는지
두어 주쯤 지난 어느 날
"지금 와서 입학 수속을 마치라!"는
다급한 전화가 걸려왔다

그곳에서 3년 동안 배운 것은 침묵이었다

나는 울타리 안에 있었지만 사실상 이방인이었고
보이지 않는 장벽 밖으로 내팽개쳐진 미물이었다
이 침묵의 3년은 차이에 대한 편견의 극복기였다

나는 가끔 하늘을 보며 맘속으로 되뇌곤 했다
앞으로 외다리 인생은 어떻게 끝날까
그러던 어느 날 오후 창가에서 책을 읽다
문예의 빛과 환상을 보았다

열대야에 시달리던 밤
나는 심산이 하늘을 품은 곳으로 올라가고 있었다
끝이 보이지 않는 어느 곳에 이르렀을 때
한 줄기 빛이 울창한 숲 사이로 쏟아져 내렸다

아마 이 빛마저도 없었다면
나는 검은 숲속에서 길을 잃고 헤매다가
생명의 시계가 멈춰진 미라가 되었으리라
그랬다면 빛의 은총을 어찌 찬양할 수 있었으랴

이제는 말하리라
내 어깨를 짓눌렀던 멍에가
훗날,
내 머리에 씌워진 월계관이 되었다고

마음의 행로

 스쳐 가는 바람도 초원에서 실려 오는 상큼한 들꽃 내음도 세월이 겹겹이 얹어진 연후엔 마음과 마음을 이어가고 있는 인연이 되었다

 바람은 간곳없고 꽃잎은 찾을 길 없건만 뜨내기 나그네는 인연의 띠를 찾아 이 골짝 저 골짝 헤매다 너른 초원에서 밤을 더샜다

 짙은 안개 속 지평선에서 동이 터오는 아침 갈 길은 아직도 멀고 샛길마저 숲으로 덮여 있어 숲새로 흐르는 빛을 따라가다 오늘 밤도 별빛에 잠들게 되었다

 오랜 시간의 허망한 세월은 늙어감 뒤에 숨어 허깨비 환상에 머물러 있고 젊은 날의 기억만 가슴에 사무친다 끝없는 길엔 까마귀가 떼 지어 하늘을 맴돈다

회귀와 초월 사이

세포의 나이로 망구望九의 몸
회억에 잠겨 온 길을 돌아보며
풋풋했던 젊은 시절의 편린片鱗을
한 조각씩 맞춰가다 보니
나는 어느덧 회전목마를 타고
그 시절로 회귀해 가고 있었다

여린 가슴을 몹시 뛰게 했던
경건함과 꽃향기 감성에 취해
황홀했던 순간들을 되새겨보니
영혼의 빛을 숭배하기도 하고
암향의 신비로움에 전율도 하며
참삶의 이치를 궁구하다 늙어왔네

회귀와 초월 사이에 간극이 없었다면
어제는 번민의 늪이었을 테고
지금에서 내일은 죽음의 계곡이었겠지
존재하려는 의지가 허상에 집착했어도
나는 늙어가며 절대적 무에 함몰되어
염세주의를 지향했으리라

감성의 색깔

마력에 이끌리듯 이성異性으로 연이어졌으나 남과 여라는 이성異城의 장벽을 허물고 마음을 섞어가며 삶의 이야기 시대의 흐름 계절에 묻어 나오는 감성의 색깔 때론 외롭기도 하고 쓸쓸하기도 하지만, 이렇게 묻혀가며 함께 호흡할 수 있는 이런 기묘한 느낌 그게 무엇이던가

다른 서로의 생각을 섞어 빚어놓은 질그릇 같기도 하고 꽃잎에 맺힌 새벽이슬 같기도 하며 석양에 물들어가는 하늘빛 같기도 한 그게 무엇이던가 알람이 울린다 아침 햇살이 창 넘어 내 가슴에까지 파고들어 온다 하늘 아래 선 이성의 연도 이성의 장벽도 한갓 바람일 뿐

존재하려는 본능

미색과 지성이 은은히 스미는 너의 매끄러운 살결에서 샘솟듯 뿜어내는 살향에 취해 몽롱할 때마다 나를 되돌아본다 욕정을 씻어내려 하건만 몸 따로 마음 따로이니 이젠 천국의 먼 그늘엔들 나를 내려놓을 수 있으려나

나는 성性의 야수적 유혹을 아슬아슬하게 넘기곤 했지만 존재하려는 본능은 주어진 상황에 적응해 가며 살라고 한다 신이여 촌음의 한세상 주어진 천리를 거스르며 금욕적으로 살아야 하는 게 당신의 창조 목적인가요

노을빛에 남긴 한 줄기

굽이굽이 이어지며 맺어 온 길
사계의 노래를 부르며 걸어온 길
세월은 길손 봇짐에 싸여 재를 넘으며
노을빛에 남긴 한 줄기

산자락 아래 설원엔 외로운 달그림자
애수에 잠겨 밤을 맞누나
이 밤이 새면 떠나야 하는 너
아쉬움만 남긴 채 맴돌며 흐느낀다

아름다웠던 한 해, 석별의 시간엔
여명의 새날이 개벽을 열리니
뭇 생명 오가며 맺어진 기연機緣
세월의 테를 두르고 어둠에 지누나

빛바랜 옛 편지

빛바랜 옛 편지 묶음에서
가냘프게 들려오는 심장 소리

가을비 쏟아지는 빗줄기에
흘러내리는 낙수는 세월의 눈물

시대가 몇 번이나 바뀌었어도
잊은 듯 못 잊어 생각나는 너

침묵 속으로 성큼성큼 다가오는
풋풋한 모습은 예전 같구나

건너온 다리를 되돌아갈 순 있어도
흘러간 강물을 되돌릴 순 없으니…

나를 나 되게 한 것들

내가 삶을 이야기한다는 것은
참으로 우직한 미욱함이리라
세상을 다 살아보지 못했으니 말일세
하지만, 내 살과 피가 섞여 만들어진
운명의 순간을 한 가락씩 읊조리며
노래할 수 있다는 게 얼마나 감사한 일인가

나는 자연의 조화로움에 동화되어 가며
편견의 아픔을 견뎌야 했던 때도
하늘을 우러러 감사의 기도를 드렸고
세인의 눈총이 가슴을 찔렀을 때도
고난과 역경, 슬픈 여운이 밀려왔을 때도
생명의 환희를 찬미하곤 했다네

나를 짓누르는 고통 때문에 아렸던 마음도
때로는 조롱하며 미물 취급하던 숱한 입들도
나를 나 되게 연단鍊鍛한 값진 것이었으며
이런 것 하나하나가 나를 겸손하게 했고
삶의 값어치가 무엇인지 가르쳐주었으며
나의 정체성을 깊이 성찰할 계기가 되었다네

삭풍이 불어오고 폭풍우가 몰아쳤을 때도
하늘과 땅, 해 달과 별들이 나를 안아주었고
성엣장 밑에서 나를 부르는 봄의 소리가
봄빛 찬란한 이 희망의 속삭임이
고독한 내 영혼의 양식이 되어
하루씩 이어가며 나를 나 되게 했다네

지금 나에겐 부족함이 없네그려
사시사철의 변화와 생성의 신비
나를 나 되게 한 삼라만상 각각의 존재
만남과 이별, 번민과 고뇌의 순간마저도
나를 만든 최고의 동인이요 선물이었으니
이 놀라운 축복, 생명의 약동에 감사할 뿐일세

서재 창밖에 외솔 한 그루

서재 창밖에
외솔 한 그루
봄마다 팔이 잘리고
가슴 곳곳이 후벼져
늘어진 가지마다
흘러내린 눈물 자국

전기톱질에도
곧은 절개 굽힘 없이
아픈 몸 쓸어가며
변함없는 푸르름
심지 곧은 속살엔
은장도를 품었다

노을빛 그림자

노을빛 그림자에 아련히 떠오르는 얼굴
굽이굽이 흘러간 세월이 몇 구비였더냐
숨 한 돌기 내쉬곤 떠나며 남긴 아쉬움
석별의 아린 마음에서 잔잔히 물결치네
노을빛 그림자에 아련히 떠오르는 얼굴

시간은 세월에 묻어갔건만

긴 겨울이 지나고 봄이 오는 소리
생명의 속삭임에 꽃바람 살랑인다
양지바른 시냇가 성엣장 조각나고
버들개지 날리며 봄을 노래하누나

아지랑이 일어나는 언덕에 오르니
지난날의 추억이 아련히 떠오른다
우리의 시간은 세월에 묻어갔건만
그때가 아른거려 눈가를 적셔온다

생각만 간절할 뿐 만날 수가 없어
밤마다 밀려오는 쓸쓸한 외로움에
젊은 날 설레었던 마음 밤새 적고
편지에 꽃소식도 덧붙여 띄우노라

실향민의 망향가

내 고향은 평안북도 강계江界
산웅수려山雄水麗한 고장
나는 1947년 월남한 이북내기

눈 감을 날이 앞인데
실향민의 망향가는
눈물 어린 애가로다

이 봄에는
그곳 얼어붙은 땅에
민들레 한 송이라도 피려나

아, 슬프다 슬프도다!
이 봄이 왜 이리도
내 가슴을 도려내듯 아리나

4/8, 17:45경

 마지막 밥 한 숟갈에 어둠이 드리워지고 있었다 이젠 살려는 몸부림도 그런 의지도 신기루의 빛 조각일 뿐 허공으로 질러대는 헛되고 헛된 것 차가운 밤이 침묵에 삼켜진다

 겨울을 어떻게 지낼까 비에 젖은 한 벌의 옷은 이젠 그런 걱정과 두려움도 일 년에 한 번 먹어보던 따뜻한 한 끼 밥에 대한 꿈도 사회적 빈곤층엔 사치스러운 투정인가

 어둠을 가르며 가냘프게 들려오는 마지막 한마디, '닳고 휘어진 숟가락이지만 내 가는 길에 묻어주오…' 쓰다가 멈춰진 얄팍한 일기장에는 시간도 멈춰있었다 4/8, 17:45경

삶의 찬가

언젠가 원로 철학자께서 방송 대담 중에 모진 세파에 떠밀려온 시련의 세월을 극복해 나가며 살아온 본인의 삶의 여정을 시기별로 나눠 이야기하곤 60대 이후 10여 년이 보람 찾던 순간이었다며 예찬하던데

저명한 여류 작가 두 분도 초침 분침에 맞춰가던 숨 가쁜 나날에서 벗어나 '지금 여기'에 안주하며 삶에 주어진 자유와 해방감을 노래하던데 인생의 만추晩秋를 '늙음의 미학'으로 승화하며

그러나 나는 지금까지 살아온 길을 돌이켜 보며 내 삶은 비록 초라했으나 그게 축복이었음에 감사한다 내게 주어진 조건, 마음에 깃든 꿈과 사랑, 나와 얽힌 이 모든 관계가 내게는 행복이었다

걸음마 뗄 무렵부터 나는 제한된 공간에서 지냈지만 어떤 공간도 나를 속박하지는 못했다 나는 넓은 세계를 보고 싶어 곳곳을 다니며 어울렸다 수많은 만남, 우연한 필연이 내 삶을 피워낸 꽃이었다

나는 지금에 이르기까지 온갖 역경을 딛고 일어날

수 있도록 나를 이끌어가고 있는 신께 감사하며 삶의 찬가를 부르곤 한다 나의 일생은 신의 은총과 사랑의 초석 위에 세워진 기념비였노라고

욕망의 숨결

1
늙어감이란 강물과 같은 것
늙어감이란 흘러가며
숙성되어 가는 시간인 것을
하나, 이 얼마나 자조 섞인
자위의 역설인가

2
늙기 싫어요
지금 이 아름다움 그대로
이 요염한 자태와 농익은 가슴
흰 젖살 흔들며
앞으로도 오늘처럼
살고 싶어요
저 뭇 남정네들
내 젖살 내음에 침 흘리며
눈이 풀어져
게슴츠레해져도
내겐 그들의 눈빛과 욕정이
내 삶의 본능을 불러일으켜요
더는 늙지 않고

콧대 높이며
그렇게 살고 싶어요

늙기 싫어요
늙어 감을 익어간다거나
숙성되어 간다고 하는 말
뭔가 멋지게 엮어보려는
헛소리 같은 울림일 뿐이에요

3
아, 그런데 이를 어쩌나
숨 쉬는 순간순간이
흘러내리는 모래시계 속
모래알갱이인걸
세월은 가고
시간은 채워져 가는데
언젠간
마지막 모래알갱이 하나가
떨어지는 순간
늙음은 멈춰지리니
그대여
그땐 무엇을 붙잡고
늙음을 막으리오
늙기 싫은 욕망의 숨결은

이미 어둠에 묻혔고
감은 눈에선 늙음이 없는데
늙음도 삶의 이면인걸
부정한들 부정되리오
태어나며 늙어가다
시들어져 지는 게
삶인 걸 무엇으로 막으리오

한 송이 저 들장미

아이스크림 한 입은
혀를 유혹하고
초콜릿 한 조각은
정신을 몽롱하게 한다

그러나
그 어떤 것보다
나를 설레게 하는 건
한 송이 저 들장미

신앙

매혹적인
숱한 여인의
눈, 눈, 눈, …

하나,
그대의 눈보다
예쁜 눈은 없네요

화선지에 인류지덕을 휘필하고 나니

1
문예의 기품은 일이관지—以貫之에 있나니
풍류의 정취에서 해학미가 드러나고
시감詩感의 가락에서 멋과 흥이 어우러진다

2
사람이 오지랖 펄럭이며 세상 쥐락펴락해도
마음에 깊은 샘이 없다면
조롱박에 담긴 탁류 한 모금일 뿐이리라

3
깊은 산사에서 들려오는 저 풍경 소리
마음을 다스리고 수덕修德하며 불이 되라네
사람을 하늘로 섬기라는 깨우침이 아니런가

4
문우 모정茅亭에서 가락에 맞춰 시 한 수 읊조리고
화선지에 인류지덕人倫之德을 휘필揮筆하고 나니
새삼 예향藝香에 가슴이 저미누나

2편 고독의 숲을 거닐며
2부 어느 어머니의 편지

태초에 혼돈이 있었다

신은 태초로부터 그대의 내면 속에서
바람처럼 일고 있음을 알아야 한다.
　　　　　　　- 라이너 마리아 릴케

1
삯꾼들이 포도원 농막을 수리하고
낡고 퇴색된 벽에 새로 칠을 한다

포도나무엔 비둘기 한 마리가 앉아있다
혼인날에 쓸 포도주엔 향기가 그윽하다

내 육신은 꿈속으로
깊이 빨려 들어간다

2
태초에 혼돈이 있었다
창조주여, 그렇다면 무엇이 참인가요

지금 여기에 있는 내가 참인가요
꿈속의 내가 나 자신의 참인가요

누구라도 천상의 소리를 들을 수 있다면
창조주의 뜻이 무엇인지 알 수 있으련만

이상과 환상

1

창가에서 해지는 산마루를 보고 있노라니 저 산 너머 어디가 낙원이라던 말이 느닷없이 떠오른다 낙원!? 낙원이란 어떤 곳인가 예수와 부처의 가르침엔 죽은 자의 세계, 산자의 낙원은 예이츠가 찾던 이니스프리* 같은 곳이 아니라 하지만, 그런 곳은 시인의 망향 한 점일 뿐

2

바닷가 언덕 잡초 사이에 무수한 돌무덤 흩어진 돌조각에서 배어 나오는 핏빛 원혼이 하늘과 땅마저도 붉게 물들였다 갈기갈기 찢어지고 빛바랜 붉은 깃발이 아직도 게양대에 높이 묶여 펄럭이고 있다 지상 낙원을 꿈꾸며 광란하던 저 함성 무덤에서도 혁명을 부르짖을 테지

---

* 이니스프리는 아일랜드의 낭만주의 시인 윌리엄 예이츠(William B. Yeats)가 자신의 시 「이니스프리의 호수섬(The Lake Isle of Innisfree)」에서 향토색 짙은 시상으로 묘사한 이상향.

하숙생

60년대 대학가 주변 전봇대나
주택가 골목 담벼락마다
하숙집 쪽지가 붙어 있었다

갓 들어온 하숙생
시골에서 상경했다는데
목에 힘주며 으스댄다

할배 냄새 역겨우니
꼴통 같은 풍월 고만 읊으라며
첫날부터 서슬이 시퍼레 설친다

본래 이 집은 할배 하숙인데
모임에 끼어들어 주접떨며
꼰대 짓 고만하라고 명령도 한다

할배 문풍文風 싫으면 나가거나
문예나 시론을 나누는 재미에
조신이 어울리던가

젊은이여 아는가, 해는 어둠에 지고

밤이 있기에 낮이 존재한다는 걸
그대의 해도 곧 어둠에 지리라는 걸

누가 또 갔구나

1
꼰대, 꼰대…
이렇게 낙인찍어 한 울타리 안에 몰아 넣어진
반려견만치도 값어치가 없는 하찮은 물건
꼰대로 주형 되어 세상을 보노라니
이젠 취미도 기호품도
계절의 춤사위에 가슴이 설레곤 하던
옛적의 멋스러움과 맛깔스러움은 간데없고
그저 그게 그런 것 같아진다

2
새벽부터 까똑, 까똑…
누가 또 갔구나
철렁 내려앉은 맘으로 단톡방에 들어가니
앙상한 나무와 낙엽 깔린 꼬부랑길
아스라이 찍힌 사진 한 장

    아, 이제 가을도 가네요
    오늘도 건강하세요

눈은 떠졌으나 눈꺼풀은 무겁다

3
잠을 빼앗긴 이 밤
잠이 올듯하면서도 정신이 초롱하니
이런저런 생각이 많아진다
단톡방 문우들의 글 몇 편을 떠올리며
저들의 유형을 범주화해 보았다

- 예의·지덕을 겸비한 성인군자형
- 범사에 감사하는 낙천주의형
- 다방면에 박식한 전천후 인간형

4
인간
아무리 채워져도 결핍된 존재
카톡 인간학의 한 유형에서
나를 찾으러 헤매고 다녔지만
아직 범주화된 나를 찾지 못했다
이런저런 생각을 하다 깜빡 잠이 들었는데
깨어나니 아침 햇살에 눈이 부시다
아, 이 빛 쏟아지는 평화로움이여

빼앗긴 반십년을 어디서 찾으랴

침묵의 곡성
밤을 쪼개는
절규와 그 흐느낌
쪽창으로 파고드는
파리한 달빛 한 줄기
송장 썩어가는 들녘에
내리꽂힌 검은 그림자
살을 후벼 파는
광기의 망나니 칼춤
아, 빼앗긴 반십년半十年을
어디서 찾으랴

불은 심이요, 심은 공이런가

정결한 마음으로 읽은 몇 줄의 글
팔만대장경 본체론 요지
불경의 심오한 진수를 꿰뚫은 혜안
부처의 가르침을 풀어놓는다

一切唯心造
일체유심조

다섯 자 보리수 한 줄의 염주
그 속 깊은 공에 무념무상
심이 부처인즉 성불이요
수레에 얹혀 고개 넘어가는 중생

너는 지금 어디에 있느냐

수의가 입혀져 목관에 눕혀있는
네 얼굴은 평안히 잠든 모습이었다
마지막으로 너를 볼 수 있는 이 몇 분
그리곤 영원한 이별이기에
눈물이 속마음을 적시며 흘러내렸다
슬픔에 넋이 나가 떠나가는 네게
무슨 말을 했는지조차 기억나지 않누나

반평생을 함께 걸어가다 하얀 뼛가루가 되어
지상에서 마지막으로 내 품에 안겨보곤
홀연히 떠나가던 너,
지난날의 네가 떠오를 때면
찢어지듯 아픈 가슴엔 네가 있으려나
여리고 소박했던 꿈이 알알이 맺혀갈 때마다
해맑게 웃곤 하던 너였는데

너는 지금 어디에 있느냐
아느냐 신이 너를 데려가는 순간
나는 울부짖으며 미친 듯이 외쳤다
'신이여, 이 잔인함도 당신의 섭린가요!?'
신의 침묵이 내 가슴을 더욱 옥죄었다

아아, 이 아픈 절규가 아직도
내 가슴에 서려 눈물짓누나

너와 맺은 인연이 깊어가도

내 가슴에 뜨겁게 타오르던
그때의 불꽃 같던 정열조차
세월 따라 어느새 흘러갔고
살을 에는 가을 서릿바람에
영혼만 서럽게 시려 오누나

너와 맺은 인연이 깊어가도
이미 산마루로 지고 있으니
해맑고 순수했던 그 한때를
밤마다 뒤척여 떠올려 본들
애연함만 켜켜이 쌓여 오네

있는 듯 없는 길

뛰어가도 한세상
놀다가도 한세상

구름 타고 흘러가나
바람 타고 밀려가나

흐름 뒤에 남은 건 허상이요
가며 뒤에 남긴 건 무상이다

너도나도 촌음의 실려 가며
있는 듯 없는 길 가는 길손

칼국수 한 그릇

집을 떠나 유학길에 오르는 첫 손녀
밤마다 뺨 비비며 인사하던 어린 것
이 길을 홀로 가며 얼마나 울었으랴

그 녀석 즐겨 먹었던 얼큰한 칼국수
점심에 받아놓고 젓가락을 들었건만
국수 면발 한 올도 넘어가질 않누나

코로나로 기 쇠해 떠나던 여린 가슴
학기를 마치고 여름방학에 돌아와선
객지 삶의 이야길 한 올씩 풀어주렴

호숫가 산책길

서릿바람 파고들고 철새마저 떠나니
호숫가 산책길엔 쓸쓸한 적막감만
숲속을 채우며 바람결에 스쳐 간다

나무숲 사이로 하늘을 보고
구름을 보다 나를 들여다보니
낯선 몰골이 쉼 없이 꿈틀거린다

미아가 된 나는 숲속을 헤쳐갔지만
이미 나는 나 자신을 잃어버려
온 길을 더듬으며 업의 때를 씻어간다

까만 눈동자 · 1

목마른 내게 건네준
두레박 우물
그 속에서
잔잔히 떠오르는
까만 눈동자
촉촉이 적셔진
깊고 그윽한 그 속에
하늘이 있고
구름이 있고
바람에 물결치며
내 얼굴도 떠오르니
아, 이 어인 일인가
물 건너 준 여인
그녀의 까만 눈동자에
내가 잠겨 있다니

까만 눈동자 · 2

늦가을 빗소리가 애연하니
새삼 지난날 모정에
기분마저 묘해진다

풋정에 가슴이 뛰던 시절
세월이 몇 고비 흘렀건만
아직도 잔잔히 물결친다

까만 눈동자에 젖은
너의 그윽한 심연엔
언제나 나의 잔상이 감돌곤 했지

네가 내 속에서 내가 네 속에서
서로의 당신이었던
숙명적인 만남과 불망의 시간

묵언의 속삭임까지도 가슴에 담고
회억의 조각길 걸음걸음 딛고 가노라니
때아닌 빗소리가 내 가슴을 적신다

박꽃

  노을 져가는 길에 우연히 마주친 인연이 너와 나를 길벗으로 서로 안위를 물으며 마음과 마음을 섞어가고 있는 친구로 맺어주었지

  서로의 가슴에 잔잔히 스쳐 가는 애틋한 정을 밤마다 하얀 꿈길 설레는 마음에 고이 담아 펼쳐가곤 하는 우리의 이 신선한 밤

  외롭거나 우울할 때면 속마음에 담아 두었던 너와 나의 시간을 살며시 끄집어내어 서로의 눈빛에 섞어가며 밤하늘의 별빛 유희에 취해가곤 하던 우리

  너는 내 가슴에서 지지 않는 꽃 때론 내가 멀리서 오느라 밤이 늦어도 그런 날도 우리는 달빛에 마주 앉아 별을 세며 밤을 새우곤 했지

늘 생각 속에 있는 사람

이른 아침에 받은 글 한 토막
빨간 장미꽃 바탕에 곱게 쓰인
몇 줄 인사말에 기분이 묘하다

    늘 생각 속에 있는 사람
    사랑합니다
    이 꽃을 당신께 드립니다

보내는 사람이 누구냐에 따라
읽는 사람의 심장 박동수와
파장의 진폭이 달라지리라

어느 어머니의 편지
- 어린 영혼을 그리며

오늘 밤은 네가 너무 보고 싶구나
눈물에 섞여 떠오르는 얼굴
잊으려 해도 잊히지 않고
해맑은 웃음으로 안겨 오는
네 영혼의 고운 얼굴이

밤마다 혼잣말로
모성의 이야기를
별 무리에 띄워 보내며
지새곤 하는 밤
가슴에 안겨 오는 네 여린 살 내음

아가야
이승에서 엄마와 짧았던 긴 여운
오늘 밤 낙원의 꽃밭에서
소롯이 떠올려 보렴
그럼 꿈길에선 만날 수 있지 않으랴

훗날 언젠가
나는 너를 꼬옥 껴안고
지나간 세월의 못다 한 이야기로

몇 날 며칠이고 밤을 새우리니
그땐 우리에게 슬픈 이별이란 없겠지

오늘 밤은 네가 너무 보고 싶구나
네 영혼의 고운 얼굴이

착각

나는 그녀를 감싸 안고 자고 있었다
그런데 눈을 떠보니
내가 그녀의 가슴에서 자고 있었다

내 가슴은 그녀의 놀이터였다
그런데 다시 들여다보니
내가 그녀의 가슴에서 놀고 있었다

시간의 기억

1

1968년 뮌헨에서 맞이한 첫 10월은 몹시도 날이 맑았다 그즈음 어느 날, 나는 에리카Erika Borne와 햇빛이 따사로이 드리워진 뮌헨 근교 테게른제Tegernsee 노상 카페에서 내일의 오늘을 이야기하며 커피를 마시고 있었다 바람을 타고 어디선가 경음악의 흐름에 실려 토셀리의 세레나데가 들려온다 아름다운 선율이 귓가를 맴돌며 가슴에 잔잔히 여울진다 해그림자가 드리워질 무렵 우리는 호숫가를 따라 천천히 걸어가며 우리의 날 여운에 서로의 마음을 담아 한 곳에 섞고 내일의 해를 그려가고 있었다

2

1969년 3월 말 나는 튀빙겐대학교로 옮겨갔다 갑자기 차편이 생겨 떠나느라 에리카에게는 작별 인사를 할 시간이 없었다 돌이켜보니 지난 반년은 우리가 많은 시간을 함께 보냈던 그러나 마음 깊은 곳에 서로의 삶을 한 겹씩 채워가며 지나온 너무 아름답고 짧은 듯 긴 시간이었다 그것은 마치 야누스의 모습처럼 그녀와 나를 한 형상으로 조각해 갔던 창조의 시간이었다 그녀는 가끔 우수에 찬 눈빛으로 나를 바라보았고 그

럴 때마다 나는 신비로운 분위기에 휩싸이곤 했다 그
녀와 헤어져야 한다는 게 내 가슴을 너무 아프게 했다
동틀 무렵 차는 뮌헨을 벗어나고 있었다 나는 몇 번이
나 뒤를 돌아보며 말없이 떠나 온 것을 후회했다 4월
말경에 편지를 보냈더니 원망과 서러움이 담긴 답장
이 왔다

    나는 요즘 점점 우울하고 서글퍼져. 너무 외롭고, 너무
슬퍼. 지금, 이 순간 나는 아무것도 생각하고 싶지 않아.
내게 아무런 도움이 되지 않을 테니. 아아, 이제 나는 무
엇을 해야 해. 나는 울어야 해, 초침이 계속 달려가는 시
계를 보며 기다려야 해. 그렇지 않으면 다시 깨어나지 않
기를 바라며 잠을 청해야 해. … 너에게 이렇게 몇 줄 적
다 보니 마음이 차츰 진정되어가며 슬픔이 조금씩 사라지
고 있구나…
       - 02 Mai 1969, 뮌헨에서 너의 에리카

3

오래전 그녀의 방에서 함께 들었던 애수 어린 노래
가 불현듯 애잔하게 되울려 온다 떠나간 연인을 그리
며 나를 잊지 말라는… 비련의 흐느낌에 마음이 야릇
해진다 시간의 기억이 미련에 잠긴다

---

* 우리는 여름방학 때 재회했고 그 후로도 1년이 넘도록 편지로 연정을 나누
었다. 어느 날 그녀는 결혼한다며 청첩장을 보내왔다. 꼭 참석하라는 편지
도 동봉해서. 나는 결혼 축하카드와 선물을 보내고 몇 차례 서신 연락을 하
다 관계를 끊었다. "나는 너와의 우정을 결코 잃고 싶지 않아. 내가 너를 늘
생각하고 있다는 고백은 거짓말이 아니야! - 뮌헨에서 에리카"

심곡의 사계

 산이 높아도 오르곤 했고 거칠게 굽이치며 흘러가는 강물도 건너간 적이 있으며 쪽배로 폭풍우 치는 바다를 항해한 적도 있건만 어두운 수림 속 깊은 골짜기는 어이 건너랴

 둔덕에서 밤을 더새며 새날이 오도록 궁리했건만 여기를 도저히 벗어날 수 없고 힘겹게 오던 길도 찾을 수 없어 이곳에 오두막을 지어놓고 온갖 번뇌를 털어내며 속세에 찌든 마음을 비웠다

 해달별 구름과 벗하며 세월에 나날을 얹으려니 바람 소리가 허공을 스쳐 가며 귓전에 굉음을 울린다 '이게 네 운명이다, 네 운명이다!' 아아 이럴 수가 이곳이 내 삶의 세계라니

 심곡의 사계는 청아하고 순연純然하니 신선의 영지가 여기로구나 성속의 경계를 넘어선 이곳 이제 나는 여길 벗어날 길이 열려도 여기를 떠나지 않으리라 신선의 놀이에 취해가며 여기에 묻혀가리라

미련 · 1

앞에 있을 땐
주름만 보였다
떠나고 나니
주름이라도
보고 싶구나

미련 · 2

바닷가 언덕에
동백꽃 한 송이
꽃잎은 졌어도
내 가슴속에선
지지 않는 꽃

기약 없는 기다림

벌의 잉잉 소리에
초원의 외톨이 꽃
설레는 가슴속에
꿀을 가득 채우며
여린 몸 살랑이니
벌은 꿀을 빨다가
알살 향취에 취해
점점 몽롱해진다
석별의 아픈 맘에
남겨 놓은 시간은
기약 없는 기다림
시간도 멈춰 섰다

1965년, 여름의 열기 속으로

1965년
나에게 그해가 무슨 의미가 있었냐고 묻는다면
펜과 잉크와 원고지의 노예가 되고 싶었고
창조의 신비를 깊이 더듬어 보고 싶었는데
그 꿈이 영글어가고 있었다고 말할 수 있으리라
차분한 맘으로 그해를 되돌아보니
꽃과 꿀과 향기에 취해 꿈속을 유영하듯 했던 순간도
내게 깊은 의미를 안겨준 해였다고 말하리라

1965년
나에게 그해가 무슨 의미가 있었냐고 다시 묻는다면
내 살과 피와 영혼의 흙을 밟아보았고
낯선 삶의 자리마다 찾아가며 나를 섞어보았으며
사람과 사람 사이의 흙벽을 허물며
장마와 작렬하는 태양과 폭풍우를 견뎠었다고
그리고 죽음에 직면했음에도 감행했던 긴 모험과
역마살이 낀 광기로 보낸 여름이었다고 말하리라

1965년
그해 동해안 휴전선 철책 앞에서 서해 낙도 홍도까지
그런데 그 붉은 돌섬이 만인이 그리던 낙원이던가

영산의 섬 탐라에선 무엇을 보았는가
첫발을 디뎠던 1961년, 낯선 풍습과 숱한 핏자국
바닷가 잡풀 둔덕 곳곳에 세워진 검은 비석들
공비들에 의해 몰살된 순경 가족의 젖먹이 이름까지
지금은 그 비석들이 흔적도 없이 사라졌더군

1965년
분홍빛 꽃 편지 되새겨 읽으며
애련한 맘에 맴돌곤 하던 뽀얀 얼굴
초롱한 눈동자, 그 수정 호수 속으로
나, 깊이 잠겨 들곤 했으니
그해는 아름답고도 아릿한 느낌으로
잠들지 못하고 있는 내 가슴에
여름밤의 꿈길을 열어주곤 했다네

---

* 시 「1965년, 여름의 열기 속으로」는 36일간 한국을 일주한 여행기 『시간에서 공간으로』 (서울: 동연, 2023)에 실린 것을 재수록한 것임.

2편 고독의 숲을 거닐며
3부 월계수 한 그루

가을빛 곱게 드리워지던 날

언제였던가
가을빛 곱게 드리워지던 날
횔더린의 시상이 적셔진
네카어강 언덕에서
청실에 홍실 한 올씩 엮어가며
마음과 마음 얽어 짰던 때가

언제였던가
합환주 한 모금씩 돌려 마시곤
침묵에 잠겨진 깊은 속삭임
성배聖杯에 채워지던 마음에
엄습해 오던 전율, 그리고
빛이 쏟아져 내리던 날이

언제였던가
우주석宇宙石에 새겨놓은 그날
거룩한 음성이 하늘에서 들려오고
천사의 합창이 가슴에서 여울지던
그날이 꿈이었나
꿈속의 무지개였나

그대 눈빛에선 밤하늘의 별이 반짝이고

나의 모든 걸 그대에게 드리오리다
내겐 가진 게 많지 않지만
뜨겁게 뛰고 있는 심장이 있습니다

내가 가진 건 보잘것없지만
그대에게 줄 수 있는 오직 그것은
이 세상 그 어느 것보다 귀하답니다

그대 눈빛에선 밤하늘의 별이 반짝이고
그대 입에선 애천의 노래가 흘러나오고
그대 심장에선 애정의 샘이 솟고 있습니다

그대가 가진 모든 건 아름다워
내 가슴에 흐르는 용암에 녹아 흐르고
숨결도 내 영혼에 섞여 열기를 토합니다

나의 모든 걸 그대에게 드리오리다
내겐 가진 게 많지 않지만
뜨겁게 뛰고 있는 심장이 있습니다

영혼에 울림이 없다면

가슴으로 흐르는 음악
서로 자신의 자리에서
의미를 되새겨 보겠지
친구 사이에선 우정을
연인 사이에선 애정을
부부 사이에선 믿음을

기교에 흐르는 음악은
청중의 귀를 괴롭히고
소리 예술을 모독한다
감상은 청중의 몫이나
영혼에 울림이 없다면
이런 음악은 소음이다

월계수 한 그루

늙은 교장은 예리한 혀끝으로 내 가슴을 난도질했다
그러나 피를 쏟아내며 절규하던
그 당시의 고통보다 더 나를 괴롭혔던 건
밤마다 도살자 몰골로 다가오는 교장의 얼굴

그때마다 내지르는 나의 이 피맺힌 절규
덧난 염증에서는 누런 피고름이 흘러내렸다
이미 나는 이 깊은 상처로 병들었고
온갖 수모를 겪으며 몹시 심약해 있었다

영혼에 겹겹이 채워진 공간 속에서
살아있어도 존재하지 않는 허상 같은 나
깊어진 상처는 오랫동안 나를 괴롭혔고
고통은 나를 절망의 늪으로 밀어 넣었다

나는 밤마다 괴로움과 서러움에 울부짖었고
어머니도 새벽기도를 올리며 한없이 울었다
어머니는 내가 편견의 우리를 깨고 나올 수 있도록
내게 의지와 용기, 희망과 자신감을 심어주었다

어머니는 악을 두려워하지 말고 선으로 이기라며*

매장되어 죽어가고 있는 내 원형을 되찾아 주었다
나는 세계 어디를 가나 강인한 어머니를 생각하며
월계수 한 그루씩을 심었다

---

* 롬 12:21 "악에게 지지 말고 선으로 악을 이기라"

바람은 언제 잦아들려나

가끔 생각나는 얼굴
불현듯 얽혀지는 그리움
그때 그곳에 불어오던
바람아
이젠 말해다오
오늘 내겐
무엇이 그리움인가

어제도
낙엽 두 닢
바람결에 묻혔고
오늘도
오솔길 숲 새로
바람이 거칠게 몰아치며
고목 가지 흔드는데

바람은 언제 잦아들려나

기다리는 마음엔 샛길조차 없어

회상에 젖어 강기슭 걷는데 눈물이 쏟아진다
밤마다 부르던 염가艶歌는 물길 따라 흘러갔고
한의 노래만 슬픔에 피를 토해낸다

길엔 길이 이어지나
기다리는 마음엔 샛길조차 없어
바람결에 맺어졌던 연이 꿈만 같다

오늘도 강가에서 그대 이름 불렀으나
메아리조차 되돌아오지 않으니
매섭게 불어오는 강바람에 애통함만 싸여간다

이을 듯 끊긴 연은 물결에 쓸려갔고
도려내듯 아픈 내게 남겨진 건
얼룩진 상흔의 화석 조각뿐이다

몸향

주말 오후 꽃 뜨락에서
차를 따라 주던 그대의 하얀 손

내 찻잔이 떨렸던 건
내 가슴이 뛰고 있었기 때문입니다

내 입김이 뜨겁게 서렸던 건
그대의 입 향기에 취했기 때문입니다

내게 스며오던 그대의 몸향 그윽함이
아직도 내 가슴에 맴돌고 있습니다

함께 있던 우리의 시간은 지나갔으나
꽃망울이 벌어질 때면 생각나겠지요

의식과 존재의 범주

다름에는 의식이 포함된다

서로 가는 길이 다르다
갈길이 같아도 목적이 다르다
목적이 같아도 수단이 다르다
수단이 같아도 결과가 다르다

신天이 그렇다
땅地이 그렇다
내人가 그렇다

같음에는 존재가 포함된다

다름도 범주에서는 같다
범주가 달라도 현상은 같다
현상이 달라도 본질은 같다
본질이 달라도 시간은 같다

진眞이 그렇다
선善이 그렇다
미美가 그렇다

색향 짙은 꽃들은 이미 이울어졌고

늦가을 단풍이 꽃보다 아름답다며
자위하는 친구들
그러나 저들의 속마음엔
머잖아 낙엽이 흩날리는 오솔길
어둠 속을 홀로 걸어가야 하는
초조함과 두려움이 흐르고 있었다

나는 가을의 낙엽길 걸음마다
처연히 스며드는 흐느낌에
마음을 섞으며
내게 남아있는 걸 하나씩 내려놓고
홀가분하게 길을 떠나려 생각하고 있다
내겐 이 길이 축복의 길이기를…

꽃밭 너른 정원에서
햇빛과 바람과 비를 맞으며
자연에 안겨 밤을 지새우기도 했던
색향 짙은 꽃들은 이미 이울어졌고
반세기 넘도록 함께 호흡했던 장서마저
도서관에 기증하고 나니 마음마저 깃털스럽다

낙조에 드리워져 가는 가을빛은
공간을 채워가고 있는 공허함일 뿐
어둠이 스멀거릴 때 고적함처럼
임종의 순간에 흐르는 침묵처럼
날빛 바랜 시간의 한 조각이며
해넘이에 묻어가는 흑암의 그림자

속세의 노예였던 나를 벗어놓으며
욕계의 잔상마저 떨어버리고 가야지
하지만, 한 가지만은 영혼에 숨겨가리라
지금까지 나를 빚어오며
고락苦樂을 함께한 내 시간과 공간의 진수
이것만이 참 나의 본디이기에

새벽녘 속초에서

비릿한 바다 내음
촉촉한 습기로
이 새벽
가을 바다는
무에서 유
어둠에서 빛으로
오늘 내게
새 하늘과 새 땅을 열리라
생명의 빛으로
가을을 머금은 시간에서

가을 편지

여보게, 친구여!
며칠 전부턴 밤 자리가 썰렁해지는군
낙엽도 지고 아침마다 서릿바람 시리고
뜨락에 몇 그루 나무는
바람이 일 때마다 헐벗겨지는데
내 마음은 왜 이리도 서글퍼지는가

설악산엔 첫눈도 내렸다니
머잖아 이곳에도 눈길이 생기겠지
이젠 친구들도 하나둘 떠나고
비어가는 가슴엔
병든 몰골 친구 몇 명과 만남이
살아온 내 길을 더듬게 하네그려

시도 때도 없이 단톡방으로 밀려오고 있는
다양한 색깔의 글이나 사진, 동영상들
그 가운데 인생의 길잡이가 될만한
몇 편의 글을 되새겨가며
나는 80 고개를 넘어선 만추의 몸이지만
내 삶에 대입해가며 읽어간다네

동호인들, 문우들, 지인들이 보낸 단상들

- 마지막 남은 한 잎 낙엽 같은 삶,
  가진 것 나를 위해 남김없이 쓰고 가라는 충고
- 몸을 움직일 수 있을 때까지 후회 없이 놀며
  여행도 하고 연애도 하면서 욕정을 풀라는 잡다한 글
- 자식들 도와주다 노숙자 된 실화들
- 온갖 궂은일 하며 키운 자식들로부터 버림받아
  고독사한 어느 어머니의 사연
- …
- …
- … 등등

몇몇 글 중에 인상에 깊이 새겨진
어느 지인의 글을 다시 찾아 읽어 보니
세상이 점점 삭막해지는 듯 느껴지네그려
"가족관계를 '너는 너, 나는 나'로 금긋고
내 재산 나를 위해 아낌없이 쓰고 가라"는 충고
하나, 내 욕구 충족이 가족에 우선하던가

여보게, 친구여!
가을의 고적함과 감상에 젖어 지난날을 되돌아보니
젊음을 엮어가던 추억들
많은 시간을 음악과 문학에 취해 보내기도 했고

남포등 아래서 연애편지 쓰며 밤새기도 했던
그 시절의 정서와 애련愛戀함이 어제 갔네그려

아침에 눈 뜨고 첫 시간에
단상 몇 줄을 띄웠네만
짜증 거리가 된 게 아닌지
깊어가는 가을, 애수의 그림자로
우리, 다시 초원의 꽃향기와
그 시절에 젖어보세나

오늘도 무사 평안하길 기원하네

2022년 10월 18일, 오전 7시에
석촌호 인근에서
勁草

존재론

만유불변의 실체는 존재이며
존재하기 때문에
비존재로 존재한다고 하던데
전도된 역설법에 생각이 머물러
수리논리적 셈법에 매달렸다

비존재란 무엇인가
비존재란 상대적 없음일 뿐
티 없이 깨끗한 참 있음이다
그 속 깊은 극極에
우주 만유가 채워져 있다

자아를 깨끗이 비우고
무아의 지경에서 보니
비존재란 존재의 상대성이더군
이 진리를 존재론이라고도 하고
혹자는 연기론이라고도 하더군

무심무상 無心無常

마음을 비웠더니 하늘이 채워지고
하늘을 버렸더니 우주가 채워진다

마음은 공이려니 무엇이 참이리오
비우고 채워가니 마음이 무상이네

영혼의 금혼식

결혼식 하던 50년 전 그날이
어제인 듯 눈에 선하게 밟히네
그대의 몸에서 배어나 오던 향기와
얼굴에서 화사하게 피어나던 꽃도

50년 후 나 홀로 맞는 결혼기념일엔
숨어서도 울지 않으려 했건만
사별의 슬픔이
가슴 속에서 복받쳐 올라오네

이젠 그대를 보내주라고들 하지만,
외롭고 쓸쓸한 이 영혼의 금혼식에
그대와 합환주 한 모금이라도
돌려가며 마실 수 있다면…

내 갈 길도 얼마 남지 않았지만
나는 마지막 한 걸음까지도
그대와 함께 가려니
누가 우리의 인연을 갈라놓으리오

그때, 지금 그리곤 그다음

이 세상의 경계선인 때와 장소를 넘어
　　　　　　　　　- A. 테니슨

1
고적한 독방에
남겨진 찌꺼기
나를 찾을 수 없던 매일의 나

2
앞산엔 비구름 한 점
유리창엔 몇 줄기 빗물
어디선가 묻혀오는 봄의 향기

3
바다로 가는 길에
하얀 모래와 조개껍데기
쪽배와 비릿한 바람 냄새

4
무너진 옛 성터에서
가을밤 별자리 이야기
사라져가는 별똥별 꼬리 색깔

5
호숫가 산책길 낙엽 지는 소리
그리고 나
바람결에 묻어오는 애수의 흐느낌

6
설원의 긴 밤
눈보라 언덕에 설화
머잖아 목련이 필 테지

7
그래, 하지만 그래도
언젠간 잊어야 할 시간
그때, 지금 그리곤 그다음…

꿈을 꿀 수 있다는 건

꿈을 꿀 수 있다는 건 희망의 속삭임
내 마음에 피어 있는 물망초 한 송이
그런데 그 마음을 아무도 알 수 없다니
그녀만은 알 수 있으려나 그런 생각을 하며
우연히 맺어진 숙명적 만남을 되새겨 보았다

그때가 언제인지 기억나진 않지만
여름 어느 날 베란다 꽃밭에서 마셨던
그 오후의 커피 한 잔이 가끔 생각난다
그녀의 몸 향기가 그윽이 섞인 그 맛을
이젠 어디에서 마실 수 있으려나

꿈을 꿀 수 있다는 건 희망의 속삭임
내 마음에 피어 있는 물망초 한 송이

소박한 밥상

걸진 만찬이 아닌
소박한 시골 밥상
행복한 수저 놀림

사발 그득히 담긴
붉은 보리 알갱이
낯익은 거친 몸통

무슨 투정을 하랴
성인병 예방 보약
잠깐씩 실례 외엔

한 알의 모래알갱이

모래시계를 뒤집어 놓았다
1961년이 열리며 모래알에
'나'의 삶이 쉼 없이 싸여간다
모정慕情의 눈빛으로 빨아들이는
깊은 샘의 유희와
밤을 잊은 속삭임과
젊음이 약동하는 뜨거움
눈빛이 마주치며 분출하는 화산
그 열기에 휩싸여 내일이 열리고
흘러내리는 모래알에
꿈의 나래가 펄럭인다
내게 던져진 이 시간과 공간에서
나는 한 알의 모래알갱이

가을의 마음

강 언덕에서
낙엽 편지 한 잎씩 띄우며
기다리던 마음
설렘과 노을빛 섞어
강물에 띄우곤 하던
가을의 마음

이젠 영원의 고갤 넘어갔는데
이 가을 찬바람에
애잔하게 떠오르는 그 얼굴
서로를 청실과 홍실로 엮었던
반세기 전 가을
그때도 이런 마음이었나

푸른빛 누리

깊은 우물 그 속에 높푸른 하늘
그곳에서 흘러가는 하얀 구름 한 조각
구름은 간데없고 우물 가득 둥근 얼굴

두레박에 퍼 올린 푸른빛 누리
눈 맞추며 무언가 말할 듯하다
물동이에 채워지며 눈물만 흘리네

가을빛 애연

홀로 걷는 낙엽 길 자줏빛 만추의 길
서릿바람 스산하게 불어 갈긴 틈새로
고개 넘는 가을에 노을마저 애연하네

나뭇잎의 몸부림에 흐느끼는 저 소리
가슴 깊이 저며오는 나지막한 숨소리
하지만, 내 어찌 거기에 얹혀 가리오

아픔은 가슴 깊이 머물며

헤어져야 하는 아픔은 가슴 깊이 머물며 나를 얼마나 슬프게 하던지 네가 알고 있었다면 이렇듯 매정하게 떠나지는 않았으리라 가는 길 고개 넘어가는 해를 등지고 돌아서야 하는 내 가슴은 점점 어두운 빛으로 뒤덮여 간다 이제 떠나면 다시는 만날 수 없기에 슬픔은 눈물져 흐르며 목이 메어 흐느낀다 하나 간다고 잊을 수 있으랴 세월이 흘러 언젠가 다시 만날 수 있게 된다면 물론 그건 부활의 소망이지만 그땐 이별이란 절대 없게 해달라며 주님께 기도하리라

우리

바람 같은 인생
스쳐 가는 옷깃에
맺어진 인연
자고로 이런걸
'우리'라 하던가

2편 고독의 숲을 거닐며
4부 쉬어가는 길목에서

기다리는 그리움

그대의 눈에서는
그윽한 빛이 반짝입니다

그대의 입에서는
향긋한 꽃이 피어납니다

그대도 알고 있겠지요

그대의 심장에서 고동치는 건
기다리는 그리움인걸

겨울의 애수

회색빛 짙게 덮인 하늘에
끝이 처음과 맞닿아 있다
삭풍이 이는 마른 대지는
흘러내린 비에 젖어 가고
찬 겨울 깊은 골짜기에는
한에 목멘 눈물이 고인다

젊을 적 뜨거웠던 가슴에
뽀얗게 서려오던 그 얼굴
겨울 잿빛 아련히 맴돌며
애틋함을 한 겹씩 벗긴다
겨울비에 적셔진 이 하루
우울한 이 겨울의 애수여

하얀 수선화 한 송이

너른 초원에 홀로 피어 있는 수선화 한 송이
하얀 꽃송이 속살에서 흘러내리고 있는 것은
드러내지 않으려다 왈칵 쏟아져 내리는 외로움
바람에 몸을 가누지 못하고 떨다 흐느끼곤 하는
청순가련한 저를 보고 있노라니
내 가슴이 왜 이리도 아려오는가

외로움은 소리 없이 내리는 연우煙雨 같은 것
황야에서 들려오는 모래 쓸려가는 소리 같은 것
그대여, 외로움을 흘려보내고
그대의 영혼 깊은 곳으로부터
뜨겁게 흘러내리고 있는 눈물을 걷으소서
그대가 외로울 땐 내가 벗이 되어드리리다

겨울 저녁 그림자

겨울 저녁 그림자는 깊고
해 저문 노을빛 쓸쓸하니
설핏한 저 빛줄기 속으로
구름 가듯 흘러간 추억이
옛 생각을 아련히 띄운다

눈에 덮여가는 어둠 뒤로
끊길 듯 줄줄이 이어지는
옛날에 놀던 동무 생각에
내 영혼은 꿈길을 거닐며
겨울의 긴 밤을 이어간다

늙어감을 슬퍼하지 말아라

 늙어감을 슬퍼하지 말아라 늙어감에는 삶의 수레에 실려 쉼 없이 굴러온 길이 있고 알 수 없는 종착지가 있나니 나만의 세계를 채워 온 이 여정을 되돌아보며 어찌 슬픔에 젖어 넋을 놓으려는가

 인생은 구르고 굴러가는 순례자의 수레요 지나온 세상을 이어가는 삶의 자리인즉 쉼 없이 굴러온 이 길이 고뇌의 순간으로만 채워온 허망하고 고통스러운 귀로는 아니라네

 인생이 별거더냐 해 아래 생명의 빛에 안겨 세월이 이끌어가는 대로 천지 산간 온 세상을 유랑하며 본향으로 가고 있는 길손일 뿐 늙어감은 이 길의 꼭짓점으로 가고 있는 것

 늙어감을 슬퍼하지 말아라 늙어감이란 찰나의 순간까지도 쉼 없이 이어져가는 생명이오니 숨 쉴 수 있음에 감사하며 그저 그렇게 얹혀가며 가야 할 길을 즐거이 가세나

친구야

친구야

한해를 넘기며 걸어온 길 되돌아보니
너와 내가 건강과 행복을 기원하며
마음속 깊은 애틋함으로 설레곤 하던
지내온 세월이 너무도 아름답구나

발랄하고 경쾌한 음악과 가곡, 민요
초현실주의 여러 장르의 명화와 조각
서로의 심곡에 실어 보내고 받으며
노을길 벗으로 이렇게 잘 지내왔네

친구야

올해도 우리의 가는 길엔 더 깊고
그윽한 인연이 우정으로 이어지겠지
이렇게 모진 세상 함께 걸어가며
산마루로 뉘엿이 넘어가는 석양처럼

눈

성에 낀 창 넘어 어렴풋이 보이는
눈 얹어진 솔가지
밤사이 내린 눈이 솔잎을 덮고 있다

무엇이 부끄러워 몰래 왔다 가버렸나
하얀 마음 그 속을 알 듯도 하다 마는
'도둑눈' 누명까지 뒤집어쓰며

아침부터 눈이 내리고 있다
밤사이 쌓인 눈은 바람에 흩날리고
걸음마다 함박눈이 쌓여간다

야릇한 침묵 속에 잠겨가던 그날도
어둠을 눈으로 덮을 기세로
그녀와 가는 길에 눈이 내렸다

어떤 대화

갑돌이 : 그대가 있어
　　　　나는 행복합니다
　　　　이 밤도 내 가슴엔
　　　　그대의 음성이
　　　　잔잔히 속삭입니다
　　　　　　·
　　　　　　·
　　　　　　·

　　　　이만
　　　　안녕!

　　　　추신:

　　　　내일엔
　　　　내 심장 소리를
　　　　들려드리겠습니다

갑순이 : 청진기를 사야 하나요?

쉬어가는 길목에서

1

비 오는 날이면 우산 속 네 얼굴이 생각나고 눈 오는 날이면 눈길을 걷던 그 시절이 아련히 떠오르누나 그런들 무엇하랴 네가 떠나고 내 갈 길도 멀지 않으니 그립네만 마음에 묻어둬야지 모든 건 세월에 얹혀가건만 애석한 미련은 나를 얽어매며 머물러 있구나

2

한세상 구비길 걸어가다 잠시 쉬어가는 길목에서 맺어지는 게 인연이오니 가슴에 남겨진 회억의 작은 조각마저 내려놓고 가볍게 떠나가야 할 터 이럴진대 인생 가는 길에 무엇을 갖고 가리오 본향으로 돌아가고 있는 귀향객에겐 발걸음만 무거울 텐데

꽃보라 몸부림엔 시름만 깊어가네

형체도 없으면서 소소리 불어와서
소담한 꽃송이에 연정만 불어넣고
꽃잎을 팔랑이곤 떠나간 바람이여

바위에 사랑한단 언약을 새겨가며
꽃씨만 흩뿌리고 홀연히 사라지니
꽃보라 몸부림엔 시름만 깊어가네

생명의 순회는 찰나라네

어느새 나도
곡기를 끊어야 할 나이를 넘었으니
내 입으로 무슨 말을 하랴
지금까지 나를 살찌웠던 양식은
지식을 채워가려는 욕망이었다
그런데 지금은 이 지적 욕구로부터
자유로워져 가고 있다
삶의 원소들을 하나씩 내려놓으며
비워져 가고 있는 시간에 취해가고 있다

지금 나는 가쁘게 숨 내몰아 쉬며
계절이 이끌어 가는 데로 끌려가고 있다
어머니의 품에 안겨 젖을 빨던…
이제는 온 길을 되돌아
생명의 자궁으로 찾아가고 있다

현하現下 한국 정치·사회문제에 대한 소견이
본인의 정치 색깔과 다르다는 이유로
100세 고령의 철학자에게 곡기를 끊으라며
패악한 짓을 하는 젊은이여!
어쩌다 보니 나도 그런 귀찮은 존재

곡기를 끊어야 할 늙다리 짐 덩이가 되었네

젊은이여!
그러나
생명의 순회는
찰나의 한순간이라는 걸 잊지 말게

변명

가는 길 굽이굽이
구름 길은 구만리

심산유곡 험한 길
어둠이 덮여 오네

밤새고 떠나간들
새날이 더디 오랴

신화시대

어둠 속 적막에
서서히 열리는 새벽의 찰나
성스러운 빛이
희뿌연 안개를 뚫고
오늘의 이야기를
신화로 엮어 간다

깊어가는 밤이면
머리 위로 쏟아지는 별빛에
나지막한 목소리로
못다 한 이야기를
살며시 펼쳐 실어 보낸다
태초에 하나였던 우리의 이야기를

기후 현상에 쏟아내는 투정
- 이러면 이래서 저러면 저래서

화이트 크리스마스를 기대했던 12월인데
날이 포근하여 코트를 벗고 다니면서
겨울이 겨울답지 않다며 구시렁거리고

며칠 후 북극 한파로 폭설이 내리고
기온이 영하 10도 이하로 떨어지자
아, 이럴 수가, 날씨가 왜 이래, 짜증

2월 하순에 아파트 단지 내 양지바른 곳에
개나리가 방울지면 계절이 미쳤군
철마저 길을 잃었나, 퉁명스러운 한마디

3월 초인데 출근길에 눈보라가 몰아치면
오전에 비가 내리겠다고 했는데 이게 뭐야
요즘 일기예보는 거꾸로 가는군, 역정

여름이 가물어도 서늘해도 그때마다 투정
가을이 포근하거나 몹시 추우면 그렇다고 투정
기후 현상에까지 구시렁대며 투정

본래 인간은 환경에 순응해 가며 진화해 왔는데
현상이 급변할 때마다 매사에 투정을 부리며
주관적 감정을 객관적 현상에 돌리려는 세태여

파도

저녁놀에 비낀 빛 속으로
물보라 일으키며 밀려오는 파도

내게 와락 안겨
거칠게 숨 몰아쉬곤

알 수 없는 검푸름 속으로
잠겨가는 영결의 순간

빛은 수평선 너머로 져가고
파도는 아픔을 토해내는데

새날을 기다리는 내 마음은
쓸쓸한 외로움에 잠든다

인생

어디선가
구슬피 들려오는
한에 목멘 소리

그런데
슬픔은 속을 숨기고
초연한 듯

인생은 본시 슬픈 것

언제쯤 비가 그치려나

비가 내린다

들판과 초목을 적시며
동구 밖 저수지를 채워가며
때로는 부드럽고 잔잔하게
때로는 몰아치는 바람 타고

비가 내린다

가끔은 내 가슴을 씻어내듯
넛난 내 상처에 세차게 내린다
하나, 이렇게 씻어낸들
아픔을 씻어낼 수 있으랴

언제쯤 비가 그치려나

영혼의 고백

나보다 더
나를 사랑하시니
눈물이 흐릅니다

오늘 하루도
당신의 품에서
평안을 누리니
내 영혼이
생명수처럼
성결해집니다

당신의 사랑에
기쁨이 넘치고
당신의 은총에
감사가 넘칩니다
당신을 찬양하며
영광을 노래합니다
내 생명의 빛이여

인연의 범주 형식

있음이란
지금을 이어가는
인연의 범주 형식
무상無常의 한 조각
유전流轉의 찰나

없음이란
무상無相이오니
없음도 있음이오
있음도 없음이네
부동浮動의 동인

족보

그래
오늘이 있으니
내일도 있겠지

아니
어제가 있었기에
내일도 있다네

짓밟혀 흩날리던 낙엽

낙엽길 걸음마다 배어오는 흐느낌
부서지며 내뿜는 추색의 그윽함은
늦가을 노을빛에 묻혀 저물어가고
어둠에 절연한 애연함이 묻혀간다

계절은 또 한 계절로 연이어 가고
짓밟혀 흩날리던 낙엽은 눈보라로
내게 다가오나니 그땐 그 하얀 눈
내 가슴에 첫 겨울 눈꽃을 피려나

겨울 하늘 저무는데

겨울 하늘 저무는데
오늘도 그대를 볼 수 없군요
내 가슴엔 언제나처럼
그대가 머물러 있습니다만

내 심장에서 뜨겁게 뿜어내는 건
그대의 숨소리
눈을 감아도 심장으로 이어지는 건
그대와의 속삭임이었는 데

하늘엔 벌써 어둠이 드리워지고
북풍한설에 바람조차 차갑건만
기다리는 마음엔
그리움만 잠시 머물다 가네요

부록

한숭홍 시집 1권 - 6권 시 목록

한승홍 1시집 『나무에게 배우다』

자서 - 시 쓰기의 탈형식주의 - 시성(詩性)의 자유

1부 시원의 시간

조약돌을 보며
3월
나무에게 배우다
시원의 시간
바람의 미학
시간의 속삭임
바람의 사계
브룬펠시아

폭풍우 몰아치던 밤
저 꽃, 외로운 마음에
악맹의 노래
기러기 떼
브라질 이민선
사람살이
애련의 추억
4월의 그 날
애가 - 6·25에 부쳐
바닷가에서
인생의 미로에서
전쟁의 상흔
김포평야
어제

2부 내 사랑하는 사람에게

마렌의 다락방에서
튀빙겐에서의 첫사랑
들장미
꽃의 천사
연분홍 봄 향기를 뿌리며
내 사랑하는 사람에게
A Song of Lamentation
Autumn's Emotion

소라
추모공원의 겨울
그리고 아무 말이 없었다
겨울 서재
몽 셰리
마지막 선물
지평선
자연을 보며
하모니카
휴양림에서
문방사우
그대는 무엇을 가지고 저승길 가려나
위선자의 초상화

3부 구름 속 초상화

침묵의 언어
잠
'Me Too' 사회
신토불이(神土不二) 환상곡
애수의 노래
나는 있다
커피
동백
꽃길 사이로

꽃잎에 얹혀있는 작은 물방울
구름 속 초상화
나는 어디로 가야하나요
꿈길에서
당신의 향기
나의 가을에
추억만 남기고 떠난 그대여!
시간과 영원의 교감
고독
그대의 향기를 마시며
가을 애가
시간의 흔적

4부 어머니 생각

산
연륙교
이것은 무엇인가요?
장미꽃 고이 안고
임은 오지 않고
잃어버린 크리스마스
사랑이여, 안녕!
비련의 노래
환우에 부치는 편지
꿀 많은 꽃

여명
어머니 생각
홍매화
아아, 내 운명의 어머니!
백합
꽃
당신이 지펴놓은 불길
비는 내 마음을 적시며
눈을 감는 순간까지도
추억으로 찾아와 내 품에
어머니
장미꽃, 그대여!
그리움을 바람에 실어

작품해설

서사와 서정, 그 알레고리
김순진(문학평론가·시인)

한숭홍 2시집 『유리온실』

序詩 - 시 쓰기의 나체주의

1부 멈춰있는 시계

내 가슴에 애모의 페티시를 채워가며
개미들의 행진
그렇게 말하지 마라
그런덴 그게 무슨 문제란 말인가
장벽
나에겐 시간이 많지 않지만
내 몸에 그려진 나부(裸婦)의 소녀
말작난질

멈춰있는 시계
몽당연필
벤치와 유모차
시간의 한때
아스피린
유리온실
첫 데이트
틀거지를 넘어서
무릉도원
오늘은 물고기가 보이지 않네

2부 사랑의 묘약은 페티시라는 것

봄, 빛의 찬란함이여
과거와 미래
마음의 샘
나와 너, 그리고 사랑
기억 속 아련한 그리움
마음의 문
마지막 장미 한 송이
네 숨결이 흐느껴 나를 깨울 땐
흐름의 소리
무아경에 빠져든 찰나
변화의 노예
사람스레 삶

사망의 골짜기를 헤매는 유령
사랑에 관한 질문 세 가지
사랑의 묘약은 페티시라는 것
사랑의 서사시
내가 늙어 추하게 되어도

3부 꽃으로 피어난 그대여

꽃과 낙엽
겨울 모정
꽃으로 피어난 그대여
꿈속의 장미
낙엽
물안개
바닷가 거닐며
살비아
세월
소리와 바람과 사랑
시집간 딸 생각에
싸리울 마당에서
친구들은 추억으로 마음을 채운다
첫눈
소나기
비어가는 둥지

4부 영혼의 노래

소식
숲과 동굴
쓰레기
애절한 아픔이 스며있는 자연
여자, 그리고 그 여자
영혼의 노래
염서를 꽃잎에 고이적어
우수의 계절은 신화 속에
이 세상 끝난다 해도
이름표
이젠, 그런 날이 없을 테지
저녁녘에 젖은 눈빛에선
학창시절 1
학창시절 2
생체시간의 반란
인생이 짧다고 말하지 말라
정

5부 나의 안식처

아, 슬픔의 눈물이여
나의 기도
나의 안식처

만남
사랑의 속삭임
말씀과 피
침묵
미래의 값
본향
그대여, 등불을 켜 마음을 보게나
성야의 침묵
신화
애천
오소서 임마누엘
목자
아담과 이브
광야의 동굴에서
감사

작품해설

효과적인 시 쓰기, 그 실체를 증명하다
김순진(문학평론가·고려대학교 평생교육원 교수)

한숭홍 3시집 『열쇠와 자물쇠』

序詩 - 갈대숲은 내게 외친다

1부 돌아올 수 없는 강

나를 위한 환상곡
바람이 불어온다
빛 - 현상의 유희
운명
멋
길
돌아올 수 없는 강
신이여, 이 기도만이라도
비의 현상 -성수와 성애

무지개
네 뿌리는 어디냐
각각의 손, 하나의 손
의식과 도구
그림자 1
그림자 2
영화 감상

2부 석별의 호수에 빛이 잠기고

전설
꽃 빛 추억
심경
언어
미의 찬미
애모
은방울꽃
연서
숨어버린 시간
비
열쇠와 자물쇠
수수께끼
석별의 호수에 빛이 잠기고
애수
찰나의 한 세상
의식의 오염

3부 한 송이 하얀 수선화

이팝나무
포도 넝쿨 아래서
우울한 하루
한 송이 하얀 수선화
모정의 밤
믿음
숨
젖어가는 잎새 사이에서
소녀의 초상화
꼬리 잘린 공상
너와 나
문예의 파장
엄마의 편지
사계의 수레바퀴
시의 과정
들꽃
애석한 맘에 흐르는 눈물
밤이슬
가을의 슬픈 여운
공초

4부 벌이 날갯짓하며 내 영혼을 깨운다

낙엽 연서
생명
쿠라질
오솔길 낙엽 향기
벌이 날갯짓하며 내 영혼을 깨운다
가을의 노래
가을에 내리는 비
믿음의 역설
이사
슬픔의 계절
이러다 장발장이 될 것 같다
여로의 쪽배
원의 차원
마지막 정사
삶 -허상과 실상
세월의 강은 말이 없다
시
망각은 외로움에 잠든다
묘비명
멈춰진 시간 속에서
존재인듯한 비존재

5부 못 부친 편지

아직, 아침은 오지 않았다
고갯마루
자유와 정의
아름다운 이별
감성
나의 오늘
나
너
삶, 그 흐름 속에서
시간 이후의 시간
인간
독선가
별종 인간
뱀
시의 미학
못 부친 편지
존재의 조건 - 실체와 상징
가을이 다시 올 때까지

작품해설

한승홍 시의 문학성 - 자연의 시간화에 대한 미학
김순진(문학평론가·신인)

한승홍 4시집 『천사의 음성』

序詩 - 백양로의 사계는 시계의 녹원이었다

1부 집시 소녀

집시 소녀
고향
면사포를 살포시 벗고
존재, 그 자체
양치기의 무덤
역사의 진화
그해 여름은 여기서 보냈다
외딴 솔섬에서 반짝이는 건 꿈이었다
빛은 찬란하고 가슴속은 뜨거워도
흑진주

가을 앓이
물의 감성
애수의 눈빛
꿈과 현실
다 이루었다
흰 백합화
낙엽
무상
환희의 눈물

2부 눈이여, 밝아져 빛을 발하라

6월의 바람
그날, 그 속에서
일어나라! 새날이여, 희망의 빛으로
그녀의 뺨과 가슴에서
청포도
애수의 계절
태고의 슬픔
오늘의 기도
눈이여, 밝아져 빛을 발하라
진리
낙엽 구르는 소리
낙원의 빛 속으로
내 영혼에 당신의 사랑을
동그라미

별
우주의 합창
하얀 모래 위에 그려가는 그림
아카시아꽃
등잔의 심지

3부 여름 해변에서의 하루

해빙기 - 눈 녹아내리는 노래
봄의 향연
유월의 소나기
새
지향
나는 네 심장을 읽었다
봄은 이렇게 져가지만
이것 외에 무엇이 내게 의미 있으랴
나는 그대의 심장에서 밤을 새웠네
여행 엽서 1
여행 엽서 2
여행 엽서 3
여름 해변에서의 하루
이제 나는 너를 어디서 찾으랴
가을 색깔
빨간 일기장
정의
그날도 눈이 내렸다

4부 겨울 편지

바람 부는 날
황혼의 빛
빈 무덤
더 높은 세계로
의식의 경계를 넘어
노동
천사의 음성
주의 동산에서
참 빛을 찾아
이 희열에 취해 나는 옷을 벗는다
음악과 시
만추
여운
향취
그리움
가을밤 적막에 묻혀가며
경계 선상 위에서
겨울 편지

작품해설

시원(始原)의 세계를 향한 순수 원형의 기억들
유성호(문학평론가·한양대학교 국문과 교수)

한숭홍 5시집 『N과 S극』

序詩

어머니, 나의 생명나무여!

1부 추억의 수채화

꽃샘바람이 스쳐도 봄볕은 따사롭다
봄이 오면
데카메론
미로의 나그네
마력 같은 눈빛
미래의 갈림목
걷고 또 걸으며

이슬 먹고 별을 덮으며
추억의 수채화
존재와 무
그대는 내 숨결이어라
모순의 속멋
아, 이것이 그거였군
호수
색향에 취하여
죄의 멍에
얼굴
삶이 이럴진대

2부 아, 빛의 은총이여!

불꽃
손, 세계를 품은 내 삶이여
지옥의 계절
청상의 가락은 바람결에
로라의 하루
욕망의 노예
위대한 결심
빈 둥지 속의 새
마지막 가는 길
아, 빛의 은총이여!
신기루와 무지개

활동사진
그녀의 손끝
나뭇잎 아래 새 한 마리
샛별
오늘은 까치도 보이지 않네
이젠 슬픔도 강물에 흘려보내요
길은 멀어도 고향은 가깝다네

3부 석양녘, 창가에서

사유와 존재
나이
천하 고얀 놈
연각의 순간에
그림자의 침묵
재 넘고 별길 헤쳐가서
N극과 S극
밤마다 밀려오는 게 고독뿐이랴
머리와 가슴
내 가슴을 더듬는 찬 손
꽃잎이 지면
눈꽃, 그대여!
저에게 옛이야기 속삭이며 입을 주리라
언제나 남는 건 고독뿐이었네
가을 같은 어머니

석양녘, 창가에서
가슴과 가슴을 엮으며
고향의 향기는 동화로

4부 영원한 짧은 순간

그녀 몸에 생명의 씨를 뿌리리라
아, 난세는 오는가
새로운 풍속도
조용한 아침, 국화 향기 그리움이여
현실과 이상
빛이여, 내일을 잊지 말라
모정의 포도잎
망부석
영원한 짧은 순간
개 타령
아, 이를 어찌할꼬
어머니 꽃젖 빨며
그래도 그때가 좋았지
후회
암흑의 밤은 쉬 지나가리라
독백
싸움
원귀의 곡성

한숭홍 6시집 『툴라의 머리카락』

序詩

1부 던져진 주사위

꽃잎은 졌지만
극락이 있으려나
사람과 사람 사이
던져진 주사위
시와 시인의 세계관
테미스여
현상의 갈림길에서
툴라의 머리카락
바람

야수의 전쟁터
황태
이제 그 시절은 오지 않으리
바람 소리만 침묵을 깨며 흐르고 있다
현상과 가상의 질곡에서
황야에 바람 부는 날
탈바꿈
내 영혼, 봄에 지지 않으리
이방 지대의 나그네
이 밤엔 깊은 잠, 꿈길 거닐며

2부 오후의 커피 한 잔

바닷가 모래 위에 그려본 얼굴
한 떨기 흰 백합화
별을 품은 꿈으로라도
외기러기에겐 낙원이 없구나
새벽녘 바다여
양들과 늑대들과 쥐새끼들
경건한 시간 속에서
밤 여울에 별 하나
아직도 젖과 꿀은 흐르고 있다
풍경 소린 그대로인데
월정사 가는 길에
희미한 지금뿐

오후의 커피 한 잔
이 한 줌 가슴에 안겨준
엿과 떡
원시림에도 길이 있다네
가을빛 너울
시간은 짬의 공간을 넘지 못하고
과정과 예술

3부 마음속 초상화

어쩌면, 아니 결코
가을의 마지막 그림자
노을녘 불타는 하늘
나뭇가지에 서리 나릴 때
낯설은 몰골
광세의 빛 초 하나
마음속 초상화
살맛 암향만 남기고
별무리 사잇길
모래 위 발자국에
누구와 말을 섞으며 빵을 넘기랴
자장가
어슬녘 갯마을에
가을 바닷가에서
한철의 짬 사이

빛바랜 사진첩
1947년
단풍
풍류로 밤을 태워도 좋으련만

4부 언약의 입맞춤

촉촉이 젖어가던 저녁, 그 바닷가
애가
호숫가 숲길
욕망의 늪
진달래꽃이 폈다
오늘은 어제를 뛰어넘지 못했다
함에도, 그러함에도
오라 벗들이여, 축배의 잔을 높이 들자
나, 겨울에 묻히리니
기다리는 마음
언약의 입맞춤
오계의 초원에 오두막을 짓고
침묵 속에 잠겨버린 그 속삭임
갈보리 예수
이미 나는 내가 아니다
크리스마스의 겨울비
말구유의 등잔
또 이렇게 한 해를 서산에 넘기네
새천년을 여는 밤하늘의 메아리

5부 농익은 가슴

내게 남겨진 건 수선화 향기뿐
아포리즘
나, 다시 태어날 수 있다 하더라도
여백
모기
역설
해달별 열린 길
자장노래
건너갈 수 없는 강
심전에 써온 일기
물망초의 시간
고향은 꿈길에 머문다
봄은 아직 멀었건만
그래, 하지만 그건
농익은 가슴
모정(慕情)
친구들여, 그대들은 행복하나요
나그네에겐 길이 없소이다

작품해설

치열한 존재의 깨달음
김응교(시인, 문학평론가, 숙명여대 교수)

한승홍 제7시집

기다리는 마음엔 샛길조차 없어

초판발행일 2024년 5월 28일

지은이 : 한승홍
펴낸곳 : 도서출판 문학공원
발행인 : 김순진
편집장 : 전하라
디자인 : 김초롱
등 록 : 2004년 3월 9일 제6-706호
주 소 : (우편번호 03382)서울 은평구 통일로 633
　　　　녹번오피스텔 501동 302호 스토리문학사
전 화 : 02-2234-1666
팩 스 : 02-2236-1666
홈페이지 : https://blog.naver.com/ksj5562
이메일 : 4615562@hanmail.net

※ 잘못된 책은 교환해 드립니다.
※ 책값은 뒤표지에 있습니다.